시어머니를 애도하는 또 하나의 방식

시어머니를 애도하는 또 하나의 방식

1940년대생 길자 씨의 웰다잉

예소 지음

눈빛

예소(노영미)
'예스럽고 소박하다'를 뜻하는 '예소'를 필명으로 사용하며,
지역에서 민속문화 연구와 아카이브 작업을 하고 있다.

시어머니를 애도하는
또 하나의 방식
예소 지음

초판 1쇄 발행일 2026년 1월 20일
발행인 이규상
편집인 안미숙
발행처 눈빛출판사
서울시 마포구 월드컵북로 361
전화 336-2167 팩스 324-8273
등록번호 제1-839호
등록일 1988년 11월 16일
편집·진행 이솔
출력·인쇄 예림인쇄
제책 일진제책
값 16,000원

Printed in Korea
ISBN 978-89-7409-210-8 03810

지은이 서문

언제부터인가 부모님들이 존엄한 죽음을 맞이하는 게 나의 바람이 되었다. 부모님의 웰다잉이 곧, 나의 웰빙이라고 생각했다. 내가 중년이 되면서(시부모와 친정어머니가 70대에 들어서면서) 그 생각이 깊어졌다. 친정아버지는 1990년대 후반에 돌아가셨고, 시부모는 50대부터 건강이 좋지 않았다. 친정아버지가 집에서 임종한 것을 보았기에 자연스럽게 시부모도 집에서 임종하길 바랐다.

시어머니(김길자)의 유품을 정리하다 시어머니의 '마지막 한 달 일기'를 발견했다. 오랜 지병을 앓던 시어머니는 손바닥 크기의 수첩에 처음이자 마지막으로 일기를 썼다. 코로나19 감염 이전 한 달을 기록했다. 대부분 시어머니가 다닌 '모임방'(친구들과 모여 노는 곳)에서 편안한 마음으로 쓴 듯했다. 그러나 친구들과 본인이 코로나19에 감염되면서 일기는 멈췄다.

코로나19는 시어머니를 돌발적 죽음에 이르게 했다. 코로나19 감염 환자라는 이유로 1시간 이상 이동하여 병원 두 곳을 옮겨 다녔고, 16시간 가까이 적절한 치료를 받지 못했다. 평상시처럼 인근 병원에 가서 주치의의 응급치료를 받았다면, 다시 일기를 써나갈 수도 있었을 것이다.

시어머니의 임종과 장례에서 통상적인 의례를 행할 수 없었다. 가족들 대부분이 코로나19 감염 환자라 장례는 비상사태였다. '선 화장 후 장례'를 해야 하는 국면에서 평소에 시어머니가 바라던 웰다잉은 먼 이야기였다. 그러나 다행히 몇 가지는 실행했다.

시어머니가 그리울 때는 일기를 썼다. 내게 기록은 애도이면서 위로였다. 이 시기에 '애도'와 관련된 글은 눈에 띄는 대로 읽었다. 롤랑 바르트의 『애도일기』, 엘리자베스 퀴블러 로스·케슬러의 『인생수업』 등의 책을 만났다.

롤랑 바르트의 『애도일기』는 쓴 시각까지 기록한 내 기록과 닮았다. 나도 시시때때로 밀려오는 그리움을 '분'까지 적어 구체화했다. 기억의 시각들은 처음에는 촘촘했으나, 시간이 흐르면서 점점 흐려지고 느슨해졌다. 사별의 아픔이 그렇게 사그라들었다.

이 글의 초고를 가장 먼저 읽어준 남편은 읽는 내내 눈물을 훔쳤다. 그다음으로 읽어준 김지연 관장님(전주 서학동사진관갤러리)은 기록의 성실함을 높이 평가하고는, 나의 시어머니에 대한 각별한 감정의 근원이 무엇인지 질문했다. 관장님은 기혼여성들에게 시어머니에 대한 단상을 들어보면, 대다수가 나의 사례와 거리가 멀었단다. 시어머니에 대한 내 감정을 설명하려니까 말문이 막혔다. 대화는 '간절함'이라는 단어를 찾아낸 것으로 끝맺었다.

얼마 전에 만난 지인이 시어머니의 이야기를 꺼냈다. 나와 어머니가 대중목욕탕에서 서로의 등을 밀어주는 모습을 보았을 때, 특별하게 생각했단다. 그녀는 "보통 친정엄마와 그렇게 하지, 시어머니와는 그러지 않잖아."라고 말했다.

이후, TV로 김창옥쇼3 '저는 아내가 2명입니다'를 보았다. 서로의 버팀목이 되어준 친구 관계의 두 여성과 그녀들 사이에 낀 남편의 이야기였는데, 그들에게 김창옥은 이렇게 말했다.

> "우리의 관계가 영원할 것 같으면, 우리는 소중하다는 생각은 덜 할 것 같아요. 그런데 마지막이 정해져 있다고 생각하거나, 이게 언제 이 관계가 끝날지 모른다고 생각을 할 때, 오늘이 마지막이려나, 올해가 마지막 해이려나. (중략) 우리의 시간이 아깝다고 생각하고, 그 시간을 애절하게 계산해요. 그러니 더 사랑하고, 더 재미있게 보내고. 어쩌면 두 분은 우리의 한계를 계속 무의식적으로 생각하면서, 이때까지 너무 순도 높은 관계를 보낸 것 같아요. 그 30~40년을 어쩌면 400년 살아도 나오지 못할 순도로 사신 것 같아요."

나와 시어머니의 관계도 그러지 않았을까. 시어머니와 30년 가까이 한집에서 살았다. 결혼 후 3년 되었을 무렵, 건강했던 시어머니는 갑작스럽게 희귀질환인 길랑-바레 증후군에 걸려 걷지도 보지도 못했다. 그때 돌아가시는 줄 알았으나, 치료가 잘 돼서 한 달 만에 집에 돌아왔다.

집에는 시할아버지, 아버님이 계셨을 때이다. 지금 생각하면 참으로 막막했을 상황이었는데, 그 시기에 대한 어두운 기억이 거의 없다.

가정 형편상 나는 경제 활동을 시작했고, 시어머니가 살림과 육아를 도와주었다. 시어머니에게 많은 것을 의존했고, 그럴수록 언제인가는 닥칠 시어머니 부재의 시간을 자주 떠올렸다. 내 짐을 나누려고 애써주었던 시어머니에 대한 고마움이 남은 시간을 애절하게 계산하게 했고, 거기에서 '간절함'이 비롯된 듯하다. 그 애절함과 간절함 때문에 기록이라는 나만의 방식으로 시어머니를 기억하고 추억할 수 있었는지 모른다.

'기록'과 '아카이브'가 중요하다고 주장하는 사람으로서 시어머니 기록을 사적 영역에 가두어 놓고 싶지 않았다. 개인의 기록이 사적 영역과 공적 영역을 넘나들 수 있음을 보여주고, 개인의 기록이 지니는 공공성을 말하고 싶어서 용기를 냈다.

한 사람의 삶이 강물에 떨어지는 한 방울의 빗물일 수 있다. 그 삶의 기록은 적어도 그 빗물이 어디에서 시작돼 어디로 흘러갔는지 말해줄 것이다. 강물의 역사는 그 빗물들이 만든다.

2025년 12월

(글쓰기는 못하지만, 기록을 좋아하는) 예소

차례

1. 돌발적인 죽음

2022년 2월 24일 오후 10시 30분

코로나19 감염으로 병세가 악화된 아버님(1940년생)과 어머님(1943년생)이 오늘 각각 구급차로 이송되어 병원에 입원했다. 10킬로미터 이내에 있는 인근 타도 병원에는 입원할 수 없어서 두 분은 차로 한 시간 이상 가야 하는 요양병원과 의료원에 입원했다. 서너 시간 뒤, 보건소 직원이 전화로 어머니의 상태가 나빠져서 아산○○병원으로 옮길 거라며 보호자가 필요하다고 했다. 먼저 딸을 찾았다. 딸은 없고, 코로나19 양성일 수도 있는 며느리가 있다고 말했다. 그녀는 코로나19 병동에 들어갈 거라 양성이어도 괜찮다고 했다.

2022년 2월 26일 오전 5시

두려움과 잠을 이겨낼 수 있는 일을 찾았다.

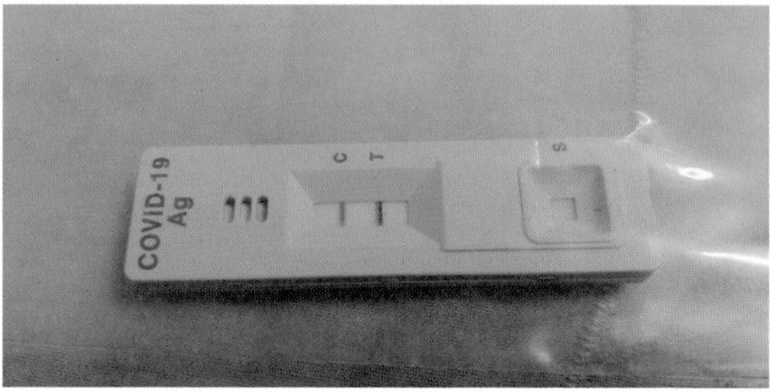

나의 자가진단 검사 결과(2022.02.24.)

지금의 어머니를 기록하면서 임종하기로 했다.

2022년 2월 25일 오전 1시부터 26일 오전 5시까지

(간략하게 써 놓았다가, 2023년 10월 12일에 자세히 기록했다.)

처음 병실에 도착했을 때, 침대에 웅크린 모습으로 누워 있던 어머니가 나를 보더니 "누구여?"하고 놀랐다. 낯선 사람들에 의해서 입원하고 전원하면서 많이 놀랐나 보다. 어머니는 나를 알아보고, "어떻게 왔냐?"고 다정히 말했다.

어머니는 새벽 2시부터 아침 7시까지 화장실을 여러 번 다녔다. 아침에는 대변이 나올 것 같다며, 화장실 변기에 오래 앉아 있었다. 아기 낳는 것처럼 허리가 끊어질 것 같다고 말해서, 기저귀를 채워드렸다.

어머니는 전날 저녁을 안 먹어서 배고플 터인데도, 아침으로 밥 한 숟가락만 입에 넣었다. 얼마 뒤에 어머니가 통증을 호소하며, 앉은 자세로 웅크렸다. 어머니는 진통제 주사를 놔달라고 애원했다. 내가 간호사들에게 부탁했다. 그리고 많은 시간을 기다렸다. 간호사는 약국에서 약이 올라오기를 기다린다고 했다. 얼마 뒤 어머니는 진통제 주사를 맞았고, 수액줄과 소변줄을 달았다.

점심이 나왔다. 어머니는 진통제 때문에 토할 것 같다며 먹지 않았다.

코로나19 병동에서 나온 점심(2022.02.25.)

점심을 먹은 뒤, 어머니 옆에서 노트북을 켜고 일을 했다. 어머니는 "그러다 쓰러진다. 잠 좀 자라!"라고 두 차례 말했다. 나는 괜찮다고 답했다.

불과 몇 분 뒤,
어머니는 의식을 잃더니 숨을 쉬지 않았다.

급히 뛰어온 의사가 어머니를 살핀 뒤, 냉정하게 말했다. 편안하게 보내드려야 한다고.

믿기지 않았다. 좀 전까지 어머니는 내 건강을 챙겼다.

어머니의 사전연명의료의향서 등록증 (2022.03.10.)

그대로 보내드릴 수 없었다. 울며불며 연명치료를 요청했다. 의사와 간호사가 심장충격기를 사용하여 어머니를 깨웠다.

어머니가 다시 숨을 쉬었다. 그러나 의식은 돌아오지 않았다. 의사는 어머니가 4~5일밖에 못 버틸 거라고 말했다.

몇 시간 전, 며칠 전으로 돌아갈 수 있다면, 어머니를 살릴 수 있을 것 같았다. 최근 몇 주간 코로나19로 어머니와 감정적으로 불편한 시간을 보냈다. 코로나19 때문에 교회를 따라가지 않았고, 친구들 모임방에 못 가시게 했다. 이래저래 어머니를 서운하게 해드렸다. 그런 상황에서 바쁜 일로 며칠 어머니에게 소홀했다. 평상시에 어머니 돌아가시면 후회할 일일랑 만들지 말자고 다짐해 왔는데, 그 바람이 무너졌다.

어머니가 듣고 계신다는 생각으로 어머니의 귀에 대고 하고 싶은 말을 했다.

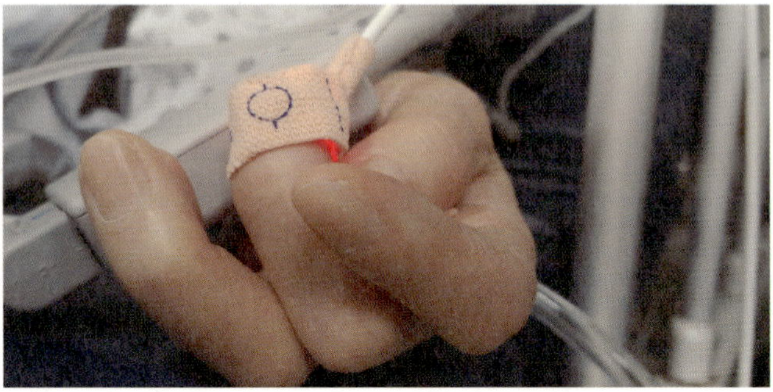
어머니는 의식이 없는 상태가 되었다.(2022.02.25.)

기적이 일어나기를 바랐다.

어머니가 나와 눈을 맞추고 "애미야!"하고 다정하게 불러주길 바랐다.

친정엄마는 음성통화를 할 때마다 내 건강도 걱정했다.

순간순간 어머니가 내 말에 반응하는 것처럼 느껴졌다. 그런데 착각이었다.

어머니의 임종이 다가온다는 사실을 받아들이기로 했다. 작별할 시간이 주어진 것에 감사해야 한다고.

때를 놓쳤다. 어머니가 의식이 있을 때, 따뜻한 말을 많이 해드릴 걸. "아프지 마세요. 고맙습니다. 사랑합니다." 라고….

남편에게 전화해서 집에 있는 어머니의 수의를 꺼내 놓으라고 말했다.

어머니에게 들려줄 음악이 필요했다.
아들에게 어머니가 좋아하는 가곡을 몇 곡 묶음 편집해 달라고 부탁했다.

노트북으로 '죽음의 에티켓' 관련 내용을 찾아서 보았다.

병실에 보관해 둔 어머니의 옷과 모자(2022.02.25.)

어머니는 죽은 뒤 가슴을 쪼이는 수의는 절대 입고 싶지 않다고 했다. 훗날을 위해 수의용 한복을 어머니가 좋아하는 색으로 맞추었을 때, 어머니는 무척 기뻐했다.(2020.05.29.)

반복하여, 어머니의 몸 방향을 좌우로 바꾸었고, 물을 적신 가제를 입술에 대었다.

유튜브로 혼수상태 환자를 돌보는 방법에 관한 영상을 보았다.

어머니가 옷과 이불을 걷어내면, 덮어주기를 반복했다.

오전 4시 30분쯤, 어머니가 일어나 앉았다. 화장실에 가려는 듯 침대에서 내려가려고 했다. 지금도 일어나려고 해서 눕혔다. 간호사는 어머니가 일어나서 움직이다 낙상

할 염려가 있다며 말렸다. 아까는 내 손을 어머니의 눈에 대보았다. 어떠한 움직임도 없던 어머니의 눈꺼풀이 짧게 반응했다. 회복 중인 것 같아서 기뻤다. 어머니 손을 잡고, 어머니에게 용서를 구했다.

간호사가 와서, 어머니가 다시 심정지 상태가 될 수도 있다며 심폐소생술을 더 하겠냐고 물었다. 어머니가 지금도 고통받는다는 걸 알기 때문에 하지 않겠다고 답했다. 어머니에게 고통을 주어서 죄송하다고, 그래서 혹 내가 또 요청하더라도 절대 하지 말아 달라고 부탁했다.

좀 전에 나 혼자 있을 때, 어머니가 잠시 일어나 앉았다. 어제부터의 일을 어머니가 모두 알고 있는 것 같았다. 나, 남편과 아이들, 아버님, 시동생 내외, 사돈, 목사님이나 지인들이 휴대전화를 통해서 음성으로 말하고 기도하는 것을 들었을까? 기적이 일어난 걸까. 어머니가 나를 보고 짧게 뭐라고 말하는 듯했다. 그리고 간호사가 피 검사를 위해서 바늘을 혈관에 꽂았을 때, "아이고~" 소리를 냈다. 어머니 음성을 들어서 기뻤다.

간호사실에서 전화가 왔다. 나도 어제 받은 코로나 검사에서 양성이 나왔으니까 어머니 옆에 있으면 되겠다고 했다.

어머니는 몇 번이나 침대에서 내려오려고 했다. 화장실에 가려는 듯했다. 할 수 없이, 간호사들이 어머니의 손을 침대에 묶었다. 대변을 기저귀에 조금 누어 깨끗이 닦아드렸다.

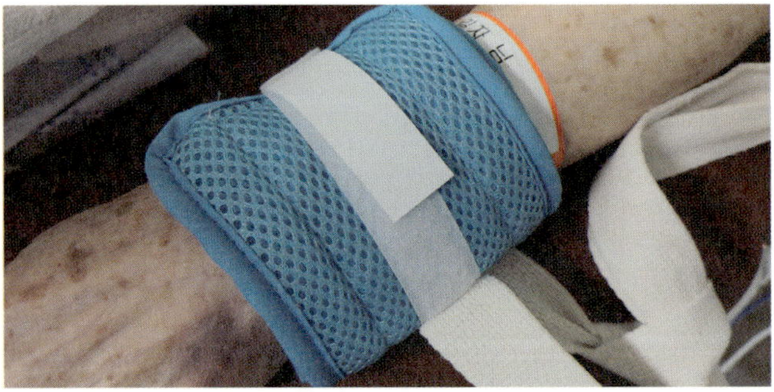

침대 난간에 묶인 어머니의 손목(2022.02.26.)

2월 26일 오전 9시 20분

좀 전에 간호사에게 어머니의 의식이 조금 돌아온 것

같다고 말했더니, 내게 어머니를 깨워도 되냐고 물었다. 간호사가 어머니를 큰 목소리로 불렀다. 간호사가 "어머니!" 하니까, 어머니가 "왜?"라고 대답했고, 간호사가 "집에 가서 아들 봐야지?" 하니까, 어머니가 "네."라고 대답했다. 간호사가 나간 뒤, 기쁜 마음에 나도 크게 "어머니!"라고 불러보았다. 별 반응이 없었다. 서운했다.

2월 26일 오전 10시 50분

간호사가 끈으로 어머니의 두 손을 침대 난간에 묶었다. 그러지 않으면, 어머니가 주삿바늘을 빼는 등 위험한 일이 생길 수 있단다.

2월 26일 오전 11시

기적이라 생각했는데, 섬망증상이란다.

2월 26일 오전 11시 30분

간호사가 어머니의 입 안에서 긴 호스를 빼냈다. 어머니가 고통스러웠는지 눈을 크게 떴다. 넣는 모습을 보지 못했기에 그렇게 긴 호스인 줄은 몰랐다. 간호사가 호스를 어머니의 입 안에 다시 넣으려고 했다. 어머니가 심하게 몸부림치고, 얼굴을 찌푸리고, 눈물을 흘렸다. 그리고 목에 힘을 주었다. 간호사가 호스 넣는 데 실패했고, 결국 넣지 않기로 했다. 호스를 통해 넣는 약을 포기했다.

어머니가 평소 하던 말이 생각난다.

"죽는 것은 무섭지 않아. 아프지만 않았으면 좋겠다."

2월 26일 오후 12시 10분

병실 인터폰으로 의사에게서 어머니 상태를 설명받았다. 어머니 검사 결과 중 사진 검사 결과는 조금 괜찮은데, 피 검사 결과는 좋지 않다고 했다. 여러 장기가 손상돼 며칠 안에 돌아가실 거라고 했다.

정말 어머니를 힘들게 하고 있구나. 이제 내가 '돌아가시는 것은 무섭지 않으니까 아프지 않게 해주세요.'라고 빈다.

어머니의 꼬리뼈 부분에 욕창이 생겼다. 너무 짧은 시간에 나타났다. 간호사는 잘 먹지 않아서 그러거나, 누운 상태로 많이 비벼서 그런단다.

2월 26일 오후 2시 40분

어제의 이별은 아주 갑작스럽게 왔다. 다시 이별을 기다린다. 환자감시 모니터에 있는 심장 박동 수치가 40부터 시작해서 서서히 올라가고 있다. 두렵다. 현재 66이다. 숫자들이 야속하다. 이별의 시간을 알리는 것 같아 불안하다.

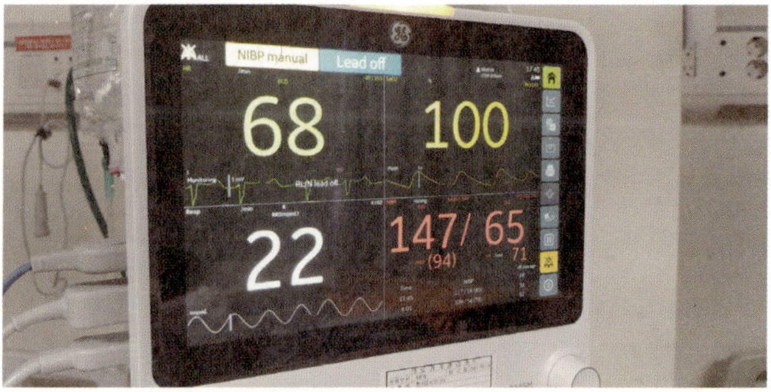

어머니의 환자감시 모니터(2022.02.26.)

2월 26일 오후 4시

어머니에게 어머니와의 좋은 추억을 생각나는 대로 들

려드렸다. 큰아들에게 전화해서 할머니와의 좋은 추억을 두어 가지 말해달라고 했다. "할머니께 읽어드릴 할머니에 대한 추억이 필요합니다." 아들들과 조카들에게 할머니께 읽어드릴 수 있게 써달라고 했다. 큰아들이 짧은 시간에 열 가지를 써서 보내왔다. 남편도 생각나는 대로 적어 보내왔다. 모두 어머니의 얼굴 가까이에서 읽어드렸다.

당진 요양원에 있는 아버님에게 안부 전화를 드렸다. 어머니의 상태를 전하지 않고, 어머니에게 하고 싶은 말을 하게 했다. 휴대전화를 어머니의 귀에 댔다. 아버님이 큰 소리로 말했다. "○○(남편의 이름) 엄마, 아프지 마. 나 집에 갈 때까지 잘 있어." 그 순간 어머니가 눈을 크게 뜨면서 몸 방향을 바꾸었다. 알아들은 것처럼 말이다. 오늘따라 아버님이 또박또박 잘 들리게 말했다.

욕창 때문에 어머니의 엉덩이가 바닥에 닿지 않게 몸을 옆으로 눕혔다. 한 자세로 10분을 넘기지 못해서 자주 들여다보아야 한다.

어제부터 병실에는 어머니와 나, 둘만 있다. 다른 환자가 들어오지 않아서 감사하다. 어머니에게 마음껏 음악을 들려드릴 수 있고, 가까운 지인들과의 전화통화로 두려움을 조금이나마 내려놓을 수 있다. 그리고 울고 싶으면 마음껏 울 수 있고, 어머니에게 하고 싶은 말이 떠오르면 마음껏 할 수 있다.

어머니가 돌아가시면 장례식을 어떻게 치를 것인지 생각해야 한다. 우리 가족 여섯 명은 지금 코로나 입원과 자가격리로 뿔뿔이 흩어져 있다. 장항, 당진, 서울, 아산. 이런 상황에서 일반 장례식은 불가능하다. 어머니를 잘 보내드릴 수 있고, 마음껏 추억할 수 있는 방법을 찾아야 한다.

2월 26일 오후 6시 52분

자꾸만 24일로 돌아가고 싶다. 시간을 되돌릴 수 있다면, 24일로 돌아가고 싶다. 그 이후는 모든 게 잘못된 것 같다.

2월 26일 오후 10시

홍성 언니와 통화했다. 언니는 어머니에게 이야기를 많이 하고, 가깝게 지내던 사람들의 목소리도 들려주라고 조언했다. 사람은 사망 후 7시간까지도 청각이 살아있다고 했다. 어머니에게 더 많은 이야기를 해야겠다.

2월 26일 밤 12시

코로나 약을 먹었다. 몹시 졸렸다. 10분이라도 눈을 붙이고 싶었다. 그러나 어머니가 자꾸만 일어나려고 해 눈을 뗄 수 없다. 머리가 어지러웠다. 간호사가 자신들이 살필 테니 잠시 눈을 붙이라고 했다. 15분 만에 눈이 떠졌다.

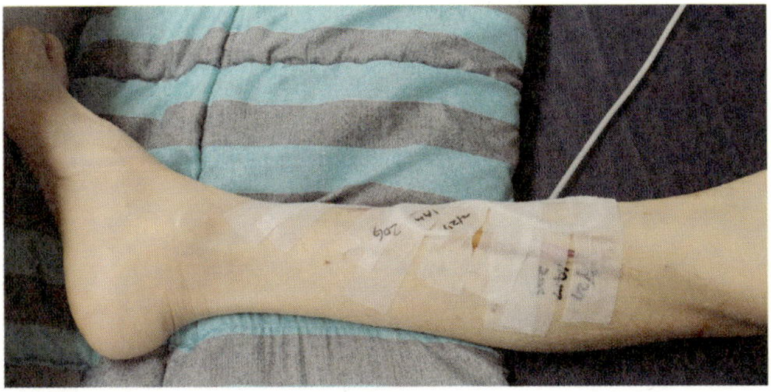

수액 주삿바늘을 다리에 놓다.(2022.02.27.)

어머니가 침대에 앉아있어 깜짝 놀라 일어났다. 수액줄이 엉켜 있고 액체가 새기도 했다. 어머니가 위험한 상황이었다. 간호사가 와서 한참 동안 정리해주었다. 팔에 놓은 주삿바늘이 빠져 다리에 놓았다. 너무 졸려서 어머니의 두 손을 침대 난간에 묶었다. 어머니가 편안한 듯하여 나도 누웠다.

2월 27일 오전 4시

두 시간 넘게 깊이 잤다. 눈을 떠보니 어머니가 큰 움직임 없이 있었다. 어머니의 손과 다리를 주물렀다. 어머니에게 감사하고, 사랑하고, 존경한다고 말했다.

2월 27일 오전 6시 20분

작은아들이 편집해서 보내준 가곡을 들려드리고 있다. 피아노 연주 음악이 듣기 좋다. 어머니는 잘 주무신다. 또 졸린다.

2월 27일 오전 11시 50분

간호사들이 내게 딸이냐고 물어서, 며느리라고 답했더

니 의아해했다. 그래서 어머니는 며느리를 딸처럼 여긴 분이었다고 말했다.

홍성 언니가 어머니에게 들려드릴 글을 카톡으로 보내왔다. 어머니에게 힘이 될 듯해서 읽어줄 것이다.

임종을 앞둔 환자를 간병하기에는 내가 아는 게 많지 않다. 바쁘게 다니는 간호사들을 붙잡고 물어보거나, 블로그와 유튜브를 검색했다. 구강관리(구강관리 키트), 욕창 예방, 환복이나 자세 바꾸는 거 쉽게 하는 방법 등등. 덕분에 어머니의 자세를 바꿀 때, 손으로만 하지 않고 수건 같은 도구를 활용했다.

2월 27일 오후 2시 58분

최근 몇 년간 어머니가 돌아가시고 난 후에 후회할 일을 안 만들려고 노력해 왔다. 그러나 후회되는 게 많다. 이 마지막 시간도 중요하다. 이 시간은 어머니를 위한 시간이면서 나를 위한 시간이기도 하다.

2월 27일 오후 5시

작은아들도 할머니와의 추억 열 개를 보내왔다. 어머니에게 두 번이나 읽어주었다. 어머니의 앓는 소리가 손주들을 부르는 소리처럼 들렸다.

작은아들은 코로나 확진자라 집에 들어가지 못하고, 내 연구소에서 격리 상태이다. 집에는 남편 혼자 있다. 작은아들은 형과 사촌동생들이 보내준 할머니와의 추억들을 정리하고 있다.

친정엄마가 어머니가 눈을 뜨냐고 물어서, 그렇다고 대답했다. 엄마는 "눈을 자꾸 뜨는 것은 보고 싶은 사람이 있어서 그려."라고 말했다. 엄마에게 누굴 보고 싶어 그런 것 같냐고 물었더니, 아들일 거라고 답했다. 나는 손자일 거라고 말했다. 어쩌면 아버님.

아버님에게 전화했다. 오늘도 어머니에게 인사말을 하라고 권했더니, 휴대전화 배터리가 얼마 남지 않아서 안 하겠다고 했다. 요양원에서 배터리를 충전해주지 않는단다.

2월 27일 오후 6시 18분

자는 것처럼 보이는 어머니의 귀가 열려있고, 잠시 눈을 감고 있는 내 귀도 열려있다. 어머니는 우리의 목소리를 듣고 싶어서 그렇고, 나도 어머니의 목소리를 듣고 싶어서다.

내가 잠든 사이에 어머니의 코에 산소가 주입되지 않을까봐서 눈을 떼면 불안하다. 화장실에 가서도 문을 살짝 열어 놓고 어머니를 본다. 나의 실수로 어머니가 더 빨리 돌아가시는 일은 발생하지 않기를 바란다.

어머니와 나만 있던 병실에 92세 여성 환자와 그녀의 60세 딸이 들어왔다. 가족 면회를 위하여 건너편 병실에서 옮겨 왔단다. 어머니에게 들려드리는 음악 소리, 어머니에게 하고 싶은 말소리, 가족과의 전화 통화 소리 등을 낮추었다.

2월 27일 오후 8시

화장실에 들어가서 문을 닫고 씻고 싶은데, 그 사이에

어머니가 움직이실까봐서 망설였다.

2월 28일 오전 12시 32분

어머니의 움직임이 작아졌다. 일어나 앉으려고 하지 않고, 옆으로 눕는 것도 하지 않는다.

잠이 온다. 잠이 드는 게 겁이 난다.

낮에 이 병실로 옮겨 온 환자의 모니터 수치가 갑자기 내려갔다. 침상을 옮길 때만 해도 밝게 웃는 모습에 어머니보다 건강한 줄 알았다. 남성 간호사가 모니터를 두어 번 점검했으나, 정상으로 돌아오지 않았다. 그가 환자의 딸에게 시간이 얼마 남지 않았다며, 가족들과 영상통화라도 하라고 말해주었다.

2월 28일 오전 1시 55분

어머니의 손과 발이 차갑게 느껴진다. 어머니의 혀에서 피가 난다. 몸을 움직이지 않는다.

2월 28일 오전 2시 34분

어머니 베개 위에 놓은 내 휴대전화에서 가곡이 들린다. 어머니의 차가운 손과 발을 주물렀다. 어머니가 내는 어떤 소리만 들려도, 더 가까이 가서 말한다. 지금은 어머니가 좋아하는 프리지어 꽃에 대해서 말했다. 어머니는 프리지어 계절에 떠나려나 보다. 얼마 전에 어머니는 따뜻한 4월에 떠나고 싶다고 말했다. 그때까지 살 수 있으려나 모르겠다고도 했는데.

간호사가 어머니와 내가 고부간이냐고 물었고, 자기는 이렇게 못한다고 말했다. 내가 "시어머니는 딸처럼 해주었는데, 며느리는 딸처럼 못했어요. 며느리 티를 많이 냈어요."라고 말했다. 간호사가 미소를 지었다.

형광등을 환하게 켜 놓은 채 네 명이 있다. 병실 가운데에 이동식 가림막이 놓여 있다. 가림막 뒤에는 돌아가신 분과 딸이 있다. 그 딸은 친정엄마의 시신 옆 침대에 누워서 형제들과 통화를 했다. 그녀는 친정엄마가 코로나 확진자로 사망한 게 아니라고 강하게 주장했다. 자가격리 해제되는 날에 병원에 들어왔기 때문이란다. 공문서에 친정엄마가 노환으로 돌아가신 것으로 남길 바란다고 했다.

2월 28일 오전 3시 03분

간호사가 방에 들어오더니, "불 좀 꺼 드릴까요?"하고 물어서 그러라고 했다. 화장실에서 새 나오는 불빛과 어머니의 환자감시 모니터, 그리고 내 노트북 모니터 불빛만 보였다. 병실 전등이 꺼지니까 졸리다. 자도 될까? 어머니는 가끔 등에 난 땀만 닦아드리면 된다.

2월 28일 오전 7시 37분

오전 6시 40분에 일어났다. 어머니는 아무런 움직임 없이 그대로 있었다. 나는 잠결에 몇 번 어머니의 숨소리를 들었고, 그때마다 어머니 옆에 가고 싶었는데, 몸이 무겁고 어지러워서 일어나지 못했다. 잠시 간호사에게 어머니를 부탁했다.

어머니 장례를 위한 글을 쓰고 있다.

"프리지어 꽃을 좋아하시는 분이 프리지어 꽃 계절에 떠나셨습니다. ……."

2월 28일 오전 8시 06분

앞에 고인의 딸이 휴대전화 영상으로 형제들과 장례 문제를 상의했다. 한 자녀가 고인이 화장을 원하지 않았다며 매장을 고집했으나, 다른 자녀들은 정부의 코로나19 장례 지침을 들며 화장할 수밖에 없다고 말했다.

2월 28일 오전 8시 35분

남편은 어젯밤 12시에 자가격리에서 해제되었다. 남편이 면회 와도 되는지 간호사의 답을 기다리고 있다. 간호사에게 남편과 교대하고 잠 좀 자고 싶다고 말했더니, 면회 시간이 5분 이내란다. 만약에 남편이 어머니 옆에 있다 나가려면, 코로나19 검사를 해서 음성이 나와야 한단다.

2월 28일 오전 8시 50분

간호사가 남편의 면회는 어머니 임종 때만 가능하다고 했다. 남편이 의사와 전화 통화를 했는데, 어머니가 2~3일 내로 돌아가실 거라고 했단다.

2월 28일 오전 10시 10분

앞에 계신 고인의 시신을 수습하러 방호복을 입은 남성 두 명이 왔다. 장례식장 직원들이었다. 그들은 카트에 관을 싣고 들어왔다. 고인의 자녀들이 장례식장에 가져다 준 삼베 수의로 염을 시작했다. 20분 정도 걸렸다. 딸은 그 모습을 사진 찍었다. 그녀는 가족들에게 보여주고 싶어서 찍는다고 했다.

수의 구성품 일부는 입히는 절차가 생략되고 관 안에 넣어졌다. 남성들은 관을 카트에 싣고 나가면서, 딸에게 "예를 다하지 못해 미안합니다."라고 말했다. 그녀는 확진자라 뒤따라가지 못했다.

2월 28일 오전 11시 25분

남편이 선산에 다녀왔단다. 그리고 어머니의 비석 시안을 문자로 보내왔다. 상단에는 어머니 이름이, 하단에는 가족들 이름이 들어갔고, 그 사이에 "사랑합니다"가 들어갔다. 비석의 화자를 어머니라고 생각하고, "얘들아, 사랑한다!"로 넣으면 좋겠다고 제안했다.

아이들에게 할머니의 임종이 얼마 남지 않았다고 말했

다. 곧 닥칠 할머니 장례를 대비하여, 할머니에 대한 추억 기록지 제작에 관하여 디자인업체와 상의하라고 했다.

장례 절차를 고민 중이다. 선화장, 후장례. '어머니의 운구 차량이 집 가까이에 있는 장례식장에 모셔주고. 다음 날 아침 발인식을 하고, 운구 차량을 집 앞과 시내를 돌게 하고, 화장터로 가고. 그리고 산으로 모시고. 추모식은 내 연구소에서 이틀 정도로.' 연구소에서 2021년 9월부터 어머니의 기록물을 가지고 〈43년생 길자의 시계꽃〉이라는 전시가 진행되고 있다.

〈43년생 길자의 시계꽃〉 전시(2021.09.28.)

전시를 열며

1943년생인 한 여성의 일상과 기억은 당대의 여러 문화와 연결되어 있고, 그녀의 기록물은 그 시대를 읽어낼 만한 가치가 있다.

아카이브는 보존할 가치가 있는 기록물이나 기록물을 보존하는 일, 그리고 보존하는 공간까지도 뜻한다. 1943년생 길자의 삶을 아카이브 관점에서 접근했다. 길자의 과거 기록물은 양이 그리 많지 않고, 일부 동영상을 제외하면 상당수가 사진이다.
길자를 중심으로 한 개인아카이브는 기존 기록물에 그치지 않았다. 최근 몇 년간 생산된 그녀와 관련된 기록물도 포함된다.
나는 그녀의 일상을 담은 기록물과 그녀가 들려준 어린 시절 경험을 담은 기록물을 생산해 냈다.
처음에 길자는 "나 같은 사람에 대해 기록할 게 뭐가 있어"라고 말하면서 무척 쑥스러워했다. 그러나 차츰 기록할 수 있도록 보여주고, 말해주었다. 지금은 자신이 직접 기록하고 싶은 것도 있다고 말한다.
길자는 1943년에 충남 부여군 홍산면 남촌리에서 태어나 성장하였으며, 1966년에 충남 서천군 장항읍으로 시집왔다. 그녀의 기록물에는 기억을 통해서 소환되는 홍산면 남촌리 문화와 결혼 후 50년 가까이 살아온 장항의 문화가 혼재한다.

전시기획 예소

2월 28일 오후 2시 20분

모니터를 보고 있으면, 두려움이 몰려온다.

점심을 받아 놓고 아직 먹지 않았다.

병원에서 준 점심(2022.02.28.)

앞에 고인의 딸은 오늘이 자가격리 해제 날이라 곧 병원을 나갈 거란다. 보건소 지정 택시를 타고 집에 가서 밤 12시까지 기다렸다가, 자가격리 해제되면 어머니 장례식장에 갈 수 있을 거라고 했다.

이제 다시 어머니와 나, 둘만 남는다. 그러면 마음껏 하고 싶은 말, 읽어드리고 싶은 글을 들려드릴 거다.

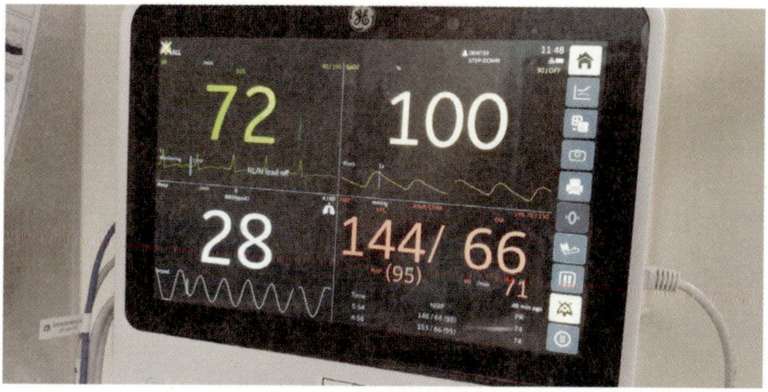

어머니의 환자감시 모니터(2022.02.28.)

어머니 휴대전화로 어머니의 친구와 친척에게 전화했다.

이 코로나19 병동에서는 간호사 20여 명이 3교대를 하고 있단다. 중증환자가 평균 30명인데도 부족한 인력을 배정해주지 않아, 있던 간호사들도 나간다고 했다. 환자와 보호자는 의료 서비스를 더 받지 못해 아쉽고, 간호사들은 고생이 많다. 그래서 단골 떡집에 간호사들에게 줄 모시송편 30상자(1상자에 25개씩)를 주문했다. 나눔을 좋아한 어머니가 좋아할 거다.

2월 28일 오후 6시 31분

병실에 어머니와 나만 있다.

홍성 언니가 보내준 기도문과 아이들의 추억 기록을 읽어드렸다. 어머니에게 이런저런 잘못한 거 용서해달라고 말했다.

마음이 불안하다. 그 순간이 오늘은 오지 않기를 바란다. 내일 오전에 남편이 아버님을 집으로 모시기로 했다. 남편도 할일이 많다.

임종 순간이 다가오는 것 같아서, 가족들과 영상통화를 해보았다. 영상으로 어머니를 보여주면서, 지금 상황을 설명했다. 가족들은 순서대로 어머니에게 인사했다. 임종 순간이 오면, 그때도 차분하게 영상을 보며 작별 인사를 하기로 했다. 이제 그 순간이 닥쳐도 혼자가 아닐 거라는 생각에 마음이 놓인다.

아이들이 할머니를 소개하는 리플렛을 만들고 있다.

꽃집에 전화했다. 라○○ 원장에게 빈소가 아닌, 추모 공간을 준비할 계획이라고 말했다. 어머니가 좋아하는 프리지어로 장식해달라고 부탁했다.

2월 28일 오후 8시 40분

어머니가 가래 때문에 기침해서 고개를 옆으로 돌려주었다. 100을 유지하던 수치가 85까지 내려가서 깜짝 놀랐다. 지금은 100과 99를 오간다. 목사님의 전화를 받았다. 목사님이 어머니를 위해서 기도해주었다. 오늘도 어머니가 밤을 넘길 수 있기를 간절히 바란다.

단톡방에서 지인이 '죽음의 무도'라는 곡을 링크 걸어주었다. 내 상황을 모르는 그에게 편안한 음악도 추천해달라고 부탁했다. 그가 링크 걸어준 모차르트 클라리넷 협주곡을 듣고 있다.

불안해서 손이 점점 떨린다. 이제 그 누구도 어머니를 도울 수 없다는 사실에 겁이 난다.

2월 28일 오후 10시 02분

좀 전에 모니터의 상단 오른쪽 숫자가 분홍색으로 변했다. 그게 산소포화도를 나타내는 수치란다. 상단 왼쪽은 맥박수, 오른쪽은 산소포화도, 하단 왼쪽은 호흡수, 오른쪽은 혈압을 가리킨단다. 네이버를 통해서 알았다. 나는 겁을 먹고, 가족들을 영상으로 불렀다. 모두 들어와서 인사를 나누었고, 남편은 어머니가 좋아하시는 가곡 '선구자'를 불러드렸다. 그런데 방에 들어온 간호사들은 긴급상황이 아니라는 듯이 태연했다. 어머니는 다시 안정을 찾았다. 다음 고비는 언제 올까?

3월 1일 오전 12시 37분

좀 전에 어머니의 산소포화도를 높여주는 멸균증류수를 새것으로 바꿔줘야 해서 다급하게 간호사를 찾았다. 복도에 아무도 보이지 않았다. 인터폰으로 간호사실에 알렸더니 기다리란다. 누군가 금방이라도 올 줄 알았는데, 기다려도 오지 않았다. 다시 간호사실에 연락해서 "왜 안 오세요?"라고 격양된 목소리로 말했다. 인터폰 속 간호사는 다른 환자도 위급해서 그러니까 더 기다려달라고 했다. 잠시 뒤, 남성 간호사가 와서 아무 일도 없었다는 듯이 차분히 교체해주었다. 내가 "복도에 왜 아무도 없어요?" 라고 물었다. "이 시간에 혼자니까요." 그를 원망할 일이 아니었다. 내가 "위급할 때 어떻게 하라고 혼자 계세요?" 라고 물었더니, 그가 "그러니까요."라고 답을 했다. 인터폰으로 재촉한 것이 미안했다.

이전 간호사가 "간호사들이 하루 이틀하고 떠나요. 위중한 환자가 많고 방호복 입고 일하는 게 너무 힘들어서 오래 버티지 못해요. 여기에서 30여 명을 혼자 담당하는 게 너무 힘이 들어요. 누구에게 얘기 좀 해주세요."라고 한 말이 생각났다.

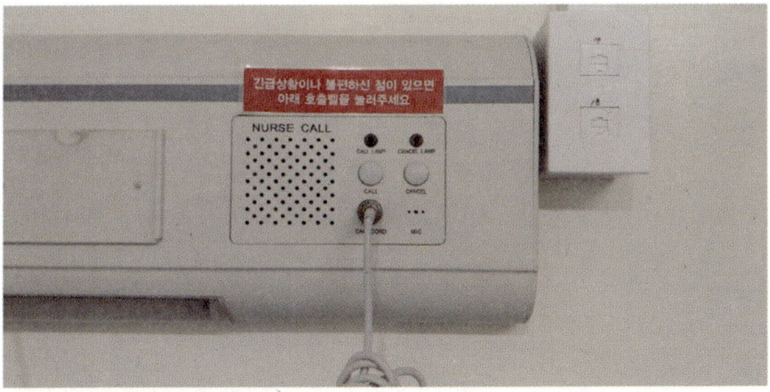

병실 인터폰(2022.03.02.)

3월 1일 오전 1시 40분

졸음이 온다. 저녁을 먹고 나서 잠깐 잠이 들었다. 자다 여러 번 눈을 떴으나, 모니터와 어머니의 얼굴을 확인하고는 곧바로 쓰러졌다. 어머니 옆을 지키는 일은 감사한 일이다. 그러나 가족들을 위해서 내 몸도 챙겨야 한다. 잠시라도 누울 수 있으면 눕고 있다.

3월 1일 오전 2시 20분

방호복을 입은 간호사가 들어왔다. 모든 간호사는 방호복을 입어서 누구인지 구분하기 어렵다. 간호사가 "어머

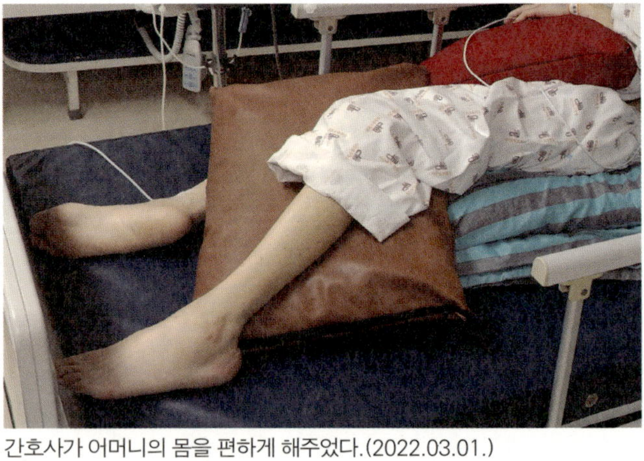

간호사가 어머니의 몸을 편하게 해주었다.(2022.03.01.)

니 어떠세요?"라고 물었다. 자신이 이전에 어머니를 봤을 때는 대답도 하고 좋아 보였다는 말을 듣고 나서야, 이 간호사가 며칠 만에 온 것을 알았다. 며칠 나오지 않은 이유를 물으니까, 잠깐 쉬고 나왔단다.

간호사가 어머니 입 상태에 관해서 물었다. 어제부터 어머니가 혀를 깨물어서 입안이 빨갛다. 바쁜 간호사들에게 처치해달라고 요구하는 게 미안하여 가제를 얻어 물로 닦아드리고 있었다. 그녀는 어머니의 입을 소독해주었다. 그런 다음에 어머니를 옆으로 눕게 하고 팔과 다리를 편안하게 해주었다. 그 자세로 2시간 정도 유지해도 된다며, 어머니가 편할 거라고 했다. 이렇게까지 해준 간호사가 없었기에 매우 고마웠다.

그녀는 간호사가 될 생각이 없었단다. 부모님이 "가정을 위해 집안에 의료인은 한 사람 있어야지 않겠니?" 해서 간호사가 되었고, 이제 지병이 있는 아버지와 암투병 중인 어머니를 간호하게 돼 후회를 안 한다고 했다. 새벽 시간 근무는 처음인데 할 만하다고 했다. 낮에는 입·퇴원 관련 일로 바쁜데, 이 시간에는 잠든 환자가 많아서 덜 힘들다고 했다.

손가락에 낀 붉은 등 장치는 산소포화도를 측정하는 거라고 간호사가 설명해주었다. 불빛이 손가락을 통과하여 반대편 센서에 닿으면서 색깔을 통해 그 양을 측정하여 모니터에 보여주는 거란다.

3월 1일 오전 8시 08분

비가 내린다. 새벽에 조금 잤다. 좀 전에 따뜻한 물수건으로 어머니의 얼굴, 배, 팔, 다리 등을 닦았다. 그리고 지금 자꾸만 눈이 감긴다.

아들에게 〈추모식 리플렛〉 내용을 일부 작성해서 보내주었다.

우리 할머니는요…
김길자(金吉子, 1943년생)
고향 : 충남 부여군 홍산면
좋아하는 꽃 : 프리지어(꽃말 : 당신의 앞날)

할머니는 저희들에게 사랑을 듬뿍 주시고 향년 80세로 저희 곁을 떠나셨습니다. 할머니를 아름답게 추억하며 보내드리기 위해서 준비했습니다.
"할머니, 많이 사랑해요! 편안히 쉬세요. 영원히 기억할게요."

간호사가 들어왔다. 어젯밤에 본 간호사인 거 같아서, "교대 시간이 짧네요."라고 말했다. 그런데 우리가 어제 낮에 보았단다. 간호사가 "여기 있는 동안은 시간 가는 것을 잘 모를 거예요."라고 했다.

간호사는 어머니가 전보다 조금 편안해진 것 같다고 말했다. 어머니는 입으로 숨을 쉬는 게 힘들어 보이는 거 빼고는 편안해 보인다.

3월 1일 오전 11시 04분

큰아들 친구의 엄마가 찬송가를 추천해주어서 어머니에게 들려드리고 있다.

3월 1일 오후 12시 53분

어머니가 편안해 보였다. 잠시 부고 내용을 생각했다. 남편에게 글로 써서 보냈고, 남편이 보완하여 보내왔다.

부고(訃告)

어머니(故 김길자 권사)는 평생 가족들에게 참된 사랑을 주시고 향년 00세로 00월 00일 00시 00분에 영면에 드셨습니다. 어머니는 최근 지병으로 쇠약하셨는데 코로나19 확진까지 와서 갑작스럽게 저희 곁을 떠나셨습니다. 애통함은 이루 말할 수 없으나, 어머니를 예를 다하여 아름답게 보내드리려고 최선을 다하고 있습니다. 코로나19로 인하여 장례는 빈소 없이 가족장으로 화장하여 선산에 모시겠습니다. 그런 후에 어머니의 추모 공간을 마련하고자 하오니 함께하실 분은 다녀가시면 감사하겠습니다.

가족 일동 드림

〈추모식〉

장소 : ○○○○○(나의 연구소)

기간 : 0000.00.00 ~ 0000.00.00

어머니 옆에서 어머니와의 이별을 준비하고 있다. 우리 가족은 대부분 코로나19 확진으로 자가격리 중이라 당장 어머니가 돌아가셔도 움직일 수 없다. 어머니가 기다려 주는 듯하다.

남편이 아버님을 당진 코로나 관리 전문요양원에서 모시고 나왔다. 집으로 모신 뒤 목욕을 시켜드렸더니 방에서 주무신단다. 아버님은 차 안에서 남편과 친척의 통화 내용을 듣고 어머니가 병원에 있다는 것을 알았으나, 아무 말도 하지 않았단다.

3월 1일 오후 2시

남편이 부고에 추가한 내용을 보내왔다.

> (앞 부분 생략) 어머니의 추모 공간을 별도로 마련하오니 함께 하실 분은 편한 시간에 다녀가시면 감사하겠습니다. 깊은 아량으로 헤아려주시고, 따뜻한 마음으로 위로와 기도를 부탁드립니다.
>
> 〈추모식〉
> 장소 : ○○○○○(나의 연구소)
> 기간 : 0000.00.00 ~ 0000.00.00(하루 또는 이틀이 좋을 듯)
> (화환은 정중히 사양하오니 양해 바랍니다.)
>
> 유족
> 배우자: ○○○

아들:
며느리:
손주:

실례라 생각하나 부득이 계좌번호를 남깁니다.
(넣고 싶은 사람에게만 각자 알아서 보냄)
000-00-000000 농협 ○○○ (각자 계좌 번호 입력)

상주 임00 배상

우리는 어머니의 죽음이 '웰다잉'에 가깝기를 바란다. 어머니는 최근 통장, 옷, 사진 등을 정리하며 스스로 죽음을 준비했다.

3월 1일 오후 5시 55분

좀 전에 어머니의 체온이 37.6도라 물수건으로 닦아드렸다. 열이 조금 내려갔으나 불안하다. 앞으로 열이 나면 심각하다고 했다. 밤이 오는 게 두렵다.

3월 1일 오후 6시 55분

어머니의 숨소리가 작게 들린다. 〈늘 예수가 함께 하시네〉 찬송가를 들려드리고 있다.

남편에게 운구 업체에서 염을 해주는지 알아봐달라고 부탁했다. 그런데 시신백에만 넣을 것이고, 이후에는 열어볼 수 없다는 답변을 들었단다. 장례식장에도 문의하니, 시신백 위에 수의를 넣어드린다고 했단다.

그렇다면 어머니의 유언을 따르기 위해서 수의는 내가 입혀야 한다. 수의를 입은 어머니를 보고 싶다. 간호사들이 도와준다고 하니, 도움을 받아서라도 할 것이다. 남편이 수의를 가지고 와서 먼저 올려보내 주면 내가 입힐 것이고, 다 입히면 남편이 5분 면회를 하게 할 것이다.

곧 다가올 어머니의 임종을 생각하니, 심장이 터질 것 같다.

3월 1일 오후 7시 47분

저녁을 먹어야겠다. 먹는 동안에는 덜 불안하다.

자꾸만 불안해서 가족들에게 영상통화를 요청했다. 가족들이 영상으로라도 어머니를 볼 수 있게 했다.

지금부터는 어머니를 위한 음악(아니, 나의 불안을 달래기 위한 것일 수 있다)은 노트북으로 켜 놓고, 휴대전화기는 통화만 할 생각이다. 어머니의 임종 때도 음악이 있기를 바란다. 음악이 없으면 어머니를 외롭게 하는 것 같아서이다.

3월 1일 오후 8시 19분

병실에 새 환자와 보호자가 들어왔다. 논산에서 온 엄마와 딸이다. 환자가 쇼크로 인근 병원에 갔다가, 확진자라

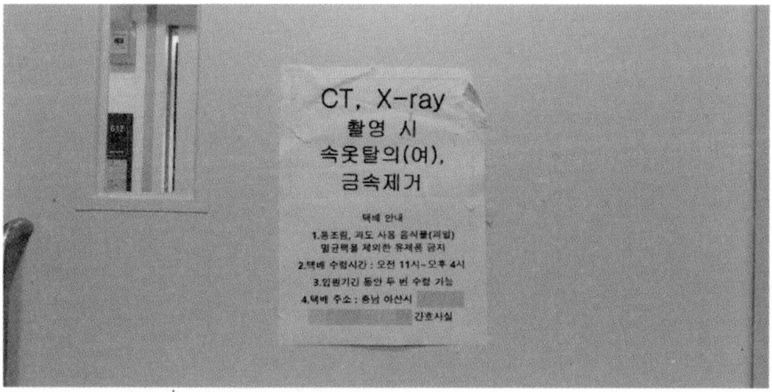

병실 택배 안내문(2022.03.02.)_"입원기간 동안 두 번 수령 가능"

여기로 왔단다. 보호자인 딸은 현재 음성이다. PCR검사를 받겠다고 한다. 여성 코로나 확진자의 가족 중에 여성이 없으면 어떻게 하나, 더 심각하게는 확진자에게 가족이 없으면 어떻게 하나 궁금하다. 지금 의료시스템은 가족들의 희생 없이는 운영될 수 없는 듯하다. 딸이 긴장하지 않도록 돕고 싶다.

그 딸은 엄마만 코로나 환자 요양원에 들어가서 치료받게 하려고 했는데, 요양원은 심폐소생술과 같은 연명치료가 안 되니 서약하라고 했단다. 집에 10대 딸이 혼자 있어서 걱정되지만, 연명치료가 가능한 이 병원으로 오게 되었단다.

그녀는 응급실에서 이곳으로 바로 오느라 본인 입원 준비를 못했다며, 온라인 쇼핑몰에 속옷을 주문했다. 택배 도착 전에 입으라고, 내 새 속옷을 줬다.

3월 1일 오후 9시 51분

어머니의 체온이 38도를 넘고 있다. 가족 단톡을 했다.

3월 1일 오후 11시 25분

어머니의 열이 내리지 않는다. 간호사가 욕창 드레싱을 하고 패치를 다시 붙여준다고 했다. 그런데 오늘 10명의 환자가 새로 들어와서 바쁘다며 새벽에 바꿔주겠단다. 낮에부터 마음먹은 일인데 미루어지고 있다.

어머니가 편하게끔 자주 옆으로 눕혀드리는데, 옆으로 누우면 혀를 물어서 입안에 피가 고인다.

3월 2일 오전 12시 10분

졸리다.

3월 2일 오전 1시 24분

졸리다. 깨어 있으려고 노력한다.

어머니의 숨이 더 거칠다.

3월 2일 오전 1시 40분

간호사가 어머니의 열을 쟀다. 37.6도. 간호사가 괜찮다고 했어도 계속 물수건을 이마에 놓아드린다.

3월 2일 오전 4시 50분

자고 일어났는데, 다시 졸린다.

내가 멸균증류수를 새 것으로 바꿨다. 급할 때, 간호사를 찾느니 직접 하려고 간호사에게 교체하는 법을 배웠다.

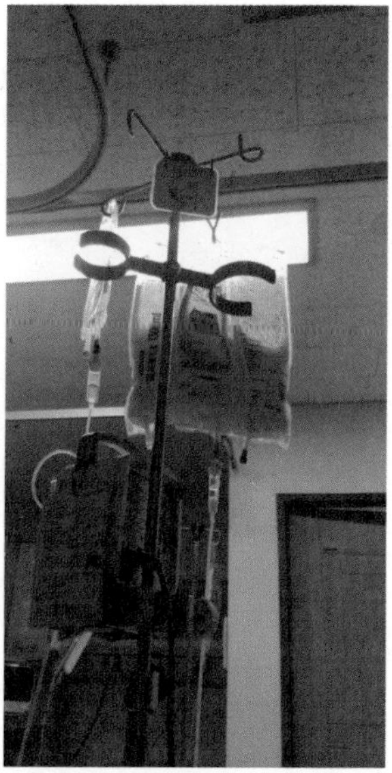

어머니의 링거(2022.03.02.)

3월 2일 오전 7시 05분

어머니가 자고 있다.

현재 맞는 링거는 붓는 것을 막는 약, 이뇨제, 소화 잘되게 하는 약(드시지는 못해도), 가래 묽게 하는 것 등이다. 졸았다.

3월 2일 오전 8시 04분

간호사가 모니터 수치는 다 괜찮은데, 어머니가 숨을 몰

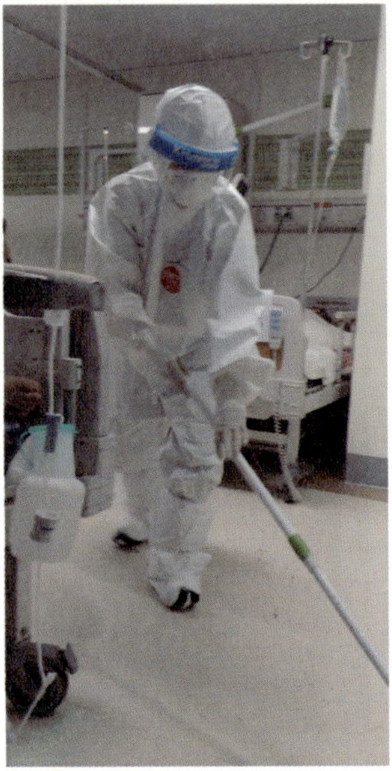

청소 담당자(2022.03.02.)

아쉬는 것은 좋지 않다고 했다. 그러니 어머니에게 말을 많이 해드리고, 손도 잡아드리란다.

간호사가 교대하기 전에 어머니 입안 소독하는 도구를 주고 간다고 했는데, 퇴근한 듯하다. 바빠서 잊어버렸을 것이기에 이해한다. 아침 출근해서 들어온 간호사에게 말해서 받았다.

3월 2일 오전 10시 23분

방호복을 입은 청소 담당자가 들어왔다. 오랜만에 뵌다.

간호사들은 "일이 안 끝나!"라고 말하며, 울상을 지었다.

좀 전에는 울음소리가 크게 들렸다. 어느 방에서 또 한 분이 돌아가셨나 보다.

어머니를 돌보는 간호사(2022.03.02.)

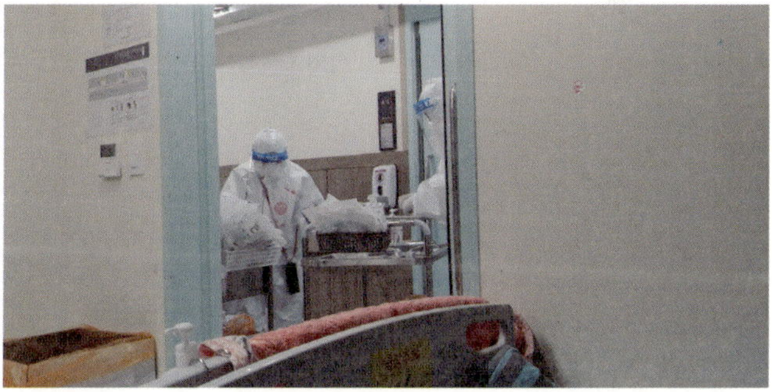

복도에 있는 간호사들(2022.03.02.)

지금 아침을 먹고 코로나19 치료제인 PAXLOVID를 먹었다. 계속 아침, 저녁으로 먹고 있다. 간호사들은 백만 원도 넘는 약이라며 잘 챙겨 먹으라고 했다. 기침이 조금 있는 상황이라 잘 먹으려고 한다. 평소 며느리 건강을 걱정

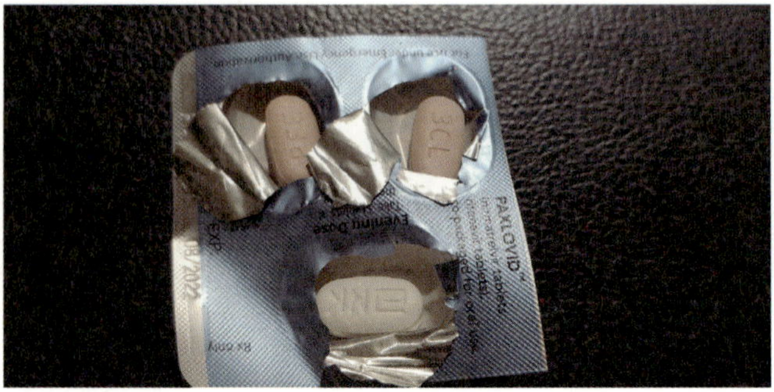

내가 먹은 코로나19 알약 치료제(2022.02.27.)

해주었던 어머니가 내가 잘 치료받기를 원할 거다. 지금도 치료받으라고 기다려주는지도 모른다.

어머니 고향 친구분이 전화를 주었다. 연일 전화로 반가운 소식을 듣고 싶어 했다. 친구분은 어머니가 가장 친하고 가장 좋은 친구란다. 어머니가 걱정돼 하루 내내 붕 떠 있는 거 같다고 했다. 내게도 건강 잘 챙기라며, 영양제를 맞으라고 당부했다.

병실에 다른 분들이 함께 있어서 음악 소리를 낮춘 상태이다. 휴대전화가 어머니의 귀 가까이에 있다. 어머니에게 음악을 들려드려야 마음이 편하다.

그동안 누적된 수면 부족 때문인지 오늘 새벽에는 자꾸만 눕고 눕자마자 잠들었다. 화장실에 가도 불안하여 서둘러 나올 정도였는데, 자느라 눈을 붙였다. 어머니에게 죄송했다.

아까 그 울음소리가 또 들린다. 가족의 죽음을 혼자서 맞은 보호자의 애통함이 얼마나 클까.

3월 2일 오전 11시 03분

휴대전화가 어머니 머리맡에 있으니, 어제부터는 노트북을 켜 놓고 카톡을 시작했다. 그래서 휴대전화로는 음악을 들려드리고, 지인들이 카톡으로 보내준 좋은 글을 노트북을 보면서 읽어드린다.

홍성 언니와 문자를 주고받았다. 기도하고 걱정하는 언니에게 고맙다.

: 언니. 어머니는 주무세요. 간호사들은 어머니가 숨을 몰아쉬니 지켜보라고 해요. 밤이 지나 아침이 왔는데도 마음이 더 불안해요.

: 기도하면서 지켜드리면 어머님께서도 힘이 생겨 두려움을 떨쳐버리고 안정·평안함으로 잘하실 거야~~ 끝까지 ○○씨는 어머니의 친구가 되는 거네.^^ 오늘 하루도 ○○씨의 마음도 안정감과 평안하길 기도할게.

어머니 휴대전화로 동갑계 친구분의 전화를 받았다. 평소 어머니가 그분 집에 가서 여럿이 모여 놀았다. 친구분은 내게 미안해서 쉽게 전화하지 못했단다. 어머니 귀에 휴대전화를 댔다. 어머니의 눈에 눈물이 맺혔다. 들으셨나?

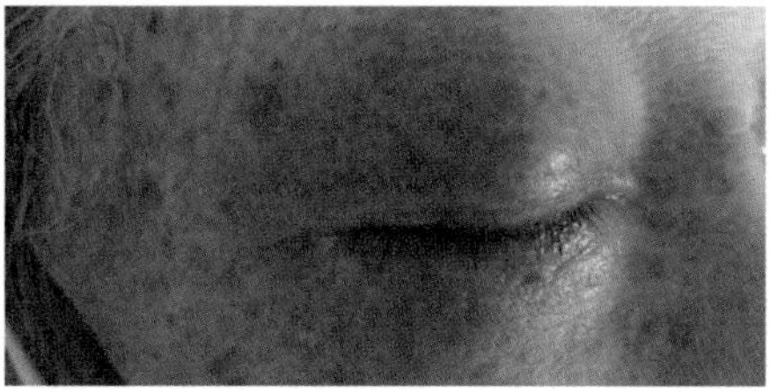

어머니의 눈물(2022.03.02.)

3월 2일 오후 12시 10분

어머니가 열이 많다. 물수건을 수시로 바꾸어 가며 이마의 열을 식히고 있다.

간호사가 주요 약이 들어가는 어머니의 오른팔이 붉게 올라온 것을 보고, 바쁜 거 끝내고 퇴근하기 전에 꼭 다시 봐주겠다고 했다. 그러나 앞서 경우처럼 아마 너무나 바빠서 도저히 못해주고 갈 수도 있을 것이다.

3월 2일 오후 2시 08분

간호사들이 어머니의 침대에 에어 매트를 깔아주었다. 너무 기뻤다. 그간에 뭔가 요청하는 게 미안해서, 또 어느 수준까지 요청해야 하는지 몰라 답답했다. 그런데 오늘은 욕창 드레싱을 해달라고 했더니, 매트부터 깔아주었다. 매트 위에 누운 어머니가 편안해 보인다. 더 일찍 해드렸으면 얼마나 좋았을까.

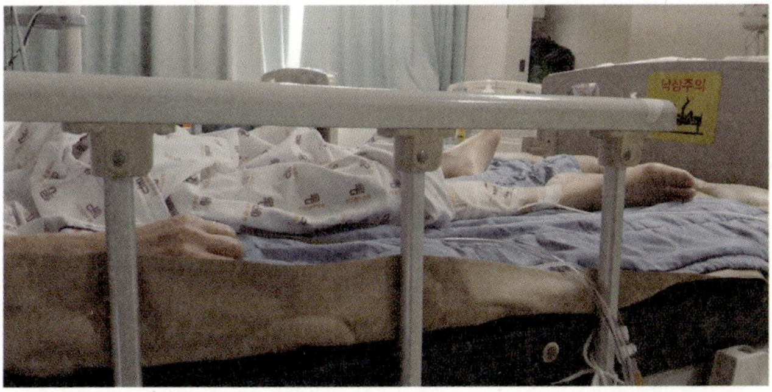

간호사들이 깔아준 에어 매트(2022.03.02.)

에어 매트 깔고 욕창 드레싱을 하고 나서, 모니터 수치가 나쁜 쪽으로 조금 변했다.

3월 2일 오후 3시 31분

오후 2시 30분쯤에 어머니가 돌아가셨다.

우리가 임종을 지키지 못하면 어쩌나 하고 두려웠는데, 모두 함께했다. 모니터 수치 변화를 보고 예감했다. 며칠 전 돌아가신 분의 모니터도 그러했다. 맥박 수치가 70대에서 점점 40대까지 내려갔다. 조용히 가족들에게 전화했다. 어머니의 임종을 영상으로 보며, 모두 어머니에게 작별 인사를 했다. 10분 정도 지나서, 어머니의 숨이 천천히 잦아들었다. 간호사들이 허겁지겁 들어오는 그런 일은 없었다. 어머니가 돌아가셨다는 것을 오롯이 혼자서 느끼고 판단했다. 침대 위에 올라앉아서 어머니를 안았다. 그리고 혹시 숨을 다시 쉬실 수도 있지 않을까 해서 기다렸다. 간호사들은 빠르지도 느리지도 않은 보통의 속도로 움직였다. 나는 울음을 멈추었다. 다음에 무엇을 해야 하는지를 생각해야 했다. 한방에 있는 환자와 보호자도 생각해 주어야 했다.

어머니를 모시고 빈방으로 이동했다. 간호사는 사망 시간을 기록하려고 장비를 가지고 왔다. 내가 본 실제 임종 시간과 사망 시간은 달랐다. 공식적인 사망 시간은 2시 48분으로 기록되었다.

지금은 1인실 병실에 어머니와 나 둘만 있다. 남편이 수의를 가지고 올라오는 동안, 1시간 넘게 여기서 어머니와 있을 예정이다. 기운이 없다.

이전부터 어머니가 돌아가시면 차분하게 할일을 해야 한다고 마음먹고 있었다. 아직은 그렇게 하고 있다. 이 순간을 밤에 겪게 되면 어떡하나 겁을 먹어왔는데, 이렇게 환한 대낮에 돌아가셨으니까 무섭지 않다. 며느리를 딸처럼 사랑해준 어머니의 마지막 사랑인 듯하다. 어머니에게 찬송가를 들려드리는 중이다. 1시간 넘게 무엇을 해야 할지 고민하다 이 글을 쓴다.

3월 3일 오전 12시 43분

오후 4시쯤에 병실에 딸린 화장실에서 샤워했다. 어머니의 염습을 정갈하게 진행하기 위해서 씻고 싶었다. 그

대구사진비엔날레에서 전시 관람 중인 어머니. 우연히도 작품 속 여성의 몸과 어머니가 만났다. 이 사진을 볼 때마다, 어머니가 태아가 돼 아프지 않고 편안하게 웅크리고 있는 모습을 상상했다.(2018.10.08.)

광주비엔날레를 관람한 어머니(2018.10.08.)

리고 밖에 나가려면 씻어야 한단다.

어머니 시신이 밖으로 나갈 때, 나도 남편 차를 타고 집 근처까지 갈 것이다. 나는 금요일(3월 4일)까지 연구소에서 자가격리를 해야 한다. 아산보건소에서 집 근처 보건소로 이관해주며 제시한 조건이다.

친정엄마에게 전화했다. 엄마는 돌아가신 분 앞에서 너무 울지 말라고 당부했다. 통화를 마친 직후, 엄마가 다시 전화해 내가 염습해야 한다니 해줄 말이 있다고 했다. "어머니 옷 입혀드리면서 아무 말도 하지 마."라고, "절대 어머니에게 '예쁘다'고도 하지 마."라고 말했다.

어머니를 위한 음악이 끊이지 않게 했다.

어머니를 물에 적신 수건으로 얼굴부터 발까지 닦아드렸다. 다음으로 코, 입, 귀에 솜을 넣어 막고, 방역마스크를 씌워드렸다. 생전 어머니의 모습인 것 같아서 두려움이 떨쳐졌다.

어머니의 몸이 서서히 굳고 있었다. 손이 하얗고, 손가

락 끝마디가 안으로 굽혀 있었다. 반면, 가슴과 얼굴은 조금 따뜻했다. 살아계신 분을 염습하는 것 같아 죄스러운 마음이 들었다.

남편이 병원에 도착하자마자 올려보내 준 수의를 펼쳐 놓았다. 팬티, 속바지, 속치마, 버선, 치마, 저고리 순으로 입혀드렸다. 치마와 저고리는 혼자서 입히기 어려웠다. 간호사실에 도움을 요청했다. 간호사 한 명이 들어와 도와주었다. 저고리를 입혀 드릴 때, 한쪽 팔을 먼저 끼우고 나서 다른 쪽 팔을 끼우려니 들어가지 않았다. 다른 방법을 찾아야 했다. 이번에는 저고리를 어머니의 등 밑에 깔고, 두 팔을 동시에 끼워서 올리기로 했다. 저고리가 제대

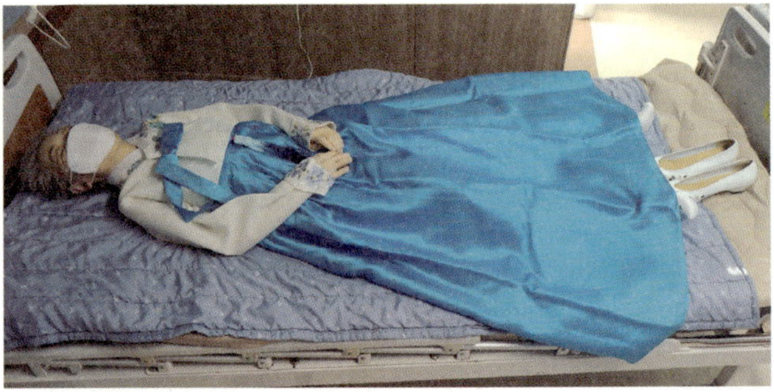

수의 입은 어머니의 마지막 모습(2022.03.02.)

로 입혀졌고, 고름을 맬 수 있었다. 그런데 수의 상자에 들어있다고 믿었던 흰색 망사장갑이 보이지 않았다. 어머니가 꼭 끼워달라던 그 장갑을 끼워드리지 못했다. 어머니가 바란 것 중 하나가 이루어지지 못해 아쉽다.

잠시 인터넷으로 염습에 관련된 글을 찾아 읽는데, 고인의 얼굴에 화장해드리는 게 눈에 띄었다. 그런데 내게 화장품이라고 할 만한 게 없었다. 마침 눈썹연필이 있어서 본래도 예쁜 어머니 눈썹을 조금 길고 진하게 그렸다.

눈썹 그리는 것을 마치는 순간, 운구업체 직원이 시신백이 올려진 카트를 밀고 들어왔다. 두 명이 오는 줄로 알고 있었는데, 한 사람이 왔다. 같은 병동에서 갑자기 한 분이 더 돌아가셔서 직원 둘이 한 분씩 맡은 상황으로 보였다. 내가 옆에서 거들어주어야 했다.

직원에게 잠시 사진 촬영 시간을 달라고 요청했다. 마지막으로 어머니의 고운 모습을 사진에 담았다.

운구업체 직원이 어머니를 침대에 놓인 이불로 싸서 비닐에 넣겠다고 말했다. 나는 이불 사용을 거부했다. 그는 투명 비닐을 어머니의 발부터 끼워서 머리까지 덮은 뒤에 위아래로 묶었다. 그 상황을 지켜보고 있는 게 힘겨워, 직원에게 어머니를 천천히 조심스럽게 대해 달라고 요청했다. 그가 어머니를 다시 까맣고 두꺼운 지퍼 가방에 옮겼다.

어머니를 따라 병실 밖으로 나왔다. 복도에서 간호사가 내게 위생용 모자, 앞치마, 장갑을 주며 착용하라고 했다. 그리고 내 몸과 소지품에 소독약을 뿌렸다. 그녀가 복도는 오염돼 있으니 주의하라고 말했다. 병원에 들어온 첫날, 전화통화를 하느라 복도에 나와 있는데, 멀리서 방호복을 입은 간호사가 큰소리로 들어가라고 말해 매우 놀랐던 순간이 떠올랐다. 병실에 있는 동안, 너무 더워서 문을 열어 놓고 있으면 간호사들이 문을 닫았다. 그들이 인식하는 코로나19 병동 복도는 바이러스로 오염된 위험한 공간이었다. 간호사는 지하 주차장까지 동행을 해준 뒤, 내가 착용한 위생용품들을 버리게 하고 마지막으로 내 몸에 소독약을 뿌려주었다. 그 사이에 어머니의 영구는 차에 실려서 볼 수 없었다.

나를 병원 주차장까지 안내해준 간호사가 주차장까지

내려오는 동안에 간호사실 전화를 받았다. 간호사는 연장 근무 요청을 받고 속상해하는 듯했다. 어머니와 나를 많이 걱정해주던 규민 간호사가 마지막 이틀 동안은 보이지 않았다. 나는 간호사들의 얼굴이 익숙해지기라도 하면 많이 의지하고 기다렸다. 규민 씨와의 만남은 그녀가 나를 꼭 안아준 게 마지막이었다. 그녀는 간호 인력이 너무 부족해서 힘들다고 말했는데, 결국 그만두었나 보다. 간호사실로 보낸 모시송편 30상자는 잘 도착했겠지. 주문은 미리 했는데, 3월 1일 국경일이 끼여 어머니와 내가 떠난 다음 날에 도착했을 것이다. 간호사들이 송편 먹고 힘내기를 바란다.

오후 6시쯤에 남편이 운전하는 차를 타고 집으로 향했다. 두 지역 보건소에서 남편이 자가격리 해제 상태라 나의 이동을 허용해주었단다.

차 안에서 남편과 부고 내용을 상의했다. 추모 공간에 모시는 분들을 제한하지 않으면 사람들이 혼란스러워할 거라며 걱정했다. 그래서 내용을 수정하기로 했다. '친척과 어머니를 아시는 분들을 위한 추모 공간'이라는 문구를 넣기로 했다.

오후 7시 40분쯤에 남편은 나를 연구소에 내려주고, 어머니 시신이 도착해 있는 장례식장으로 갔다. 나는 이틀 동안 연구소에서 자가격리를 해야 한다. 연구소에 들어와 전시 중인 어머니의 사진을 보는 순간 눈물이 쏟아졌다.

오후 10시쯤부터 카톡으로 부고를 돌렸다. 평소 자주 연락하는 개인들, 모임방(친정, 친구, 동아리, 지인들), 그리고 일부 가끔 연락하는 개인들에게도 보냈다. 부고 받고 "왜 보냈지?"라고 생각할 것 같은 사람에게는 보내지 않았다. 나를 위로해주고 싶은 마음이 있을 듯한 사람들에게만 보냈다.

어느 분은 부고를 받자마자 전화를 주었고, 어느 분은 위로 문자를 보내왔고, 어느 분은 위로 문자를 보내고 곧바로 부의금을 보내왔고, 어느 분은 부의금을 먼저 보낸 후 위로의 문자를 보내왔다. 많은 분이 위로를 해주었다.

부고

저희 어머님이신 故 김길자 권사님께서 2022년 03월 2일 별세하셨기에 삼가 알려드립니다.

코로나19로 인하여 장례는 빈소 없이 가족장으로 화장하여 선산(○○군 ○○면)에 모시고, 친척과 어머니를 알고 계시는 분들을 위한 추모 공간을 별도로 마련하겠습니다. 깊은 아량으로 헤아려주시고, 따뜻한 마음으로 위로와 기도를 부탁드립니다.

마음을 전하실 분을 위해 계좌번호를 알립니다.
000-00-000000 농협 ○○○

〈추모 공간〉
장소 : 충남 ○○군 ○○○○○○○○(나의 연구소)
기간 : 2022.03.05~ 2022.03.06(2일간)
시간 : 12시~18시
(화환은 정중히 사양하오니 양해 바랍니다.)

유족
배우자:
아들:
며느리:

손주:

저희 어머님이신 故 김길자 권사님은 평생 가족들에게 깊은 사랑을 주시고 향년 80세로 영면에 드셨습니다.

어머니는 최근 지병으로 쇠약하셨는데 코로나19 확진까지 와서 갑작스럽게 저희 곁을 떠나셨습니다. 애통함은 이루 말할 수 없으나, 어머니를 예를 다하여 아름답게 보내드리려고 최선을 다하고 있습니다.

○○○ 배상

지금 연구소에 혼자 있다. 어머니 시신이 장례식장에 모셔져 있는데 자가격리 때문에 혼자 여기 있다는 사실에 기가 막힌다. 아들들은 "며칠간 엄마 혼자 고생하셨으니, 지금은 집 걱정하지 말고 쉬세요."라고 말한다. 나는 어머니와 내가 없는 집에서 슬픔에 잠겨 있을 가족들을 걱정하고 있었는데, 오히려 아들들은 나를 위로해주었다.

3월 3일 오전 7시 09분

잠에서 깨어나자마자 병원에서 찍은 어머니의 사진을

보았다. 잠들기 전에도 보고 싶었지만, 혼자 있기에 무서운 생각이 들어서 보지 못했다.

친정엄마가 걱정할 것 같아 전화했다. 엄마는 87세이다. 자가격리 중인데 몸 상태가 어제보다 좋지 않다고 했다. 엄마는 내가 병원에 있을 때, 며느리가 딸기 등을 사다 주어 고맙다며, 그 고마움을 시누이인 내가 표현해주면 좋겠다고 말했다. 그러겠다고 대답했다. 며느리가 챙겨준 것이 매우 기뻐셨나 보다. 평소 같으면 엄마가 바라는 대로 올케에게 전화해서 고마운 마음을 전했을 것이다. 그러나 이번에는 하지 않았다. 한동안 어머니를 제대로 챙

아들이 놓고 간 간식(2022.03.02.)

겨드리지 못한 내가 그런 말을 하는 것이 이중적으로 느껴졌기 때문이다.

3월 3일 오전 7시 27분

서울 친언니의 전화를 받았다. 요즘 건강이 좋지 않은 언니는 와 보지 못한다며, "어머니가 믿는 분이라 하늘나라 가셨을 거야."라고 말했다. 언니에게 코로나19 때문에 어머니 마지막 길을 잘 모시지 못해 마음 아프다고 말했더니, "돌아가신 뒤에 잘하면 뭐 한다니!"라고 말했다. 위로의 뜻으로 한 언니의 말에, 내가 의미 없는 일(추모식)을 벌이려는 건지도 모르겠다는 생각이 스쳤다.

3월 3일 오전 9시 39분

집에 있던 작은아들이 코로나 자가진단 키트로 검사를 했는데, 두 줄이 나와서 PCR검사를 받으러 보건소에 갔단다. 남편이 집에서 자가격리 중일 때, 아들은 여기 연구소에서 머물렀다. 이제야 집에 들어갔는데, 다시 본인 숙소가 있는 전주로 갈 거라고 했다. 상황이 더 나빠졌다. 내가 속상해하니까 아들이 "우리처럼 겪는 사람들도 많을 테니까 함께한다고 생각해요."라고 한다.

아들이 집에 오기 전, 친구랑 같이 지냈단다. 그 친구가 자가격리 중인 가족을 피해서 아들 숙소에 와 있었는데, 그 친구가 먼저 양성이 나왔고, 아들도 양성이 나온 것이다. 아들은 할머니 상례도 못 보고 자기격리에 들어가야 한다.

3월 3일 오전 10시 11분

잠시 후에 어머니 운구차가 화장터로 떠날 것이다. 우리는 운구차가 교회 주차장에서 10분 정도 머물러주길 원했다. 목사님과 교인들이 교회 주차장에서 발인 예배를 드리고 싶다고 했기 때문이다. 그러나 장례식장 직원이 운구업체에 요청하기가 곤란하단다. 어머니를 겹겹이 싸놓은 데다가, 차에서 멀리 떨어져 있을 거라고 말해도 어렵다고 했다.

3월 3일 오후 9시 27분

자가격리 중이기 때문에 차 안에만 있는 조건으로 화장장까지 따라가기로 했다. 오후 1시 30분쯤에 장례식장에 갔다. 주차장에 열 명 남짓 되는 가족들과 친정 형제들이 와 있었다. 우리는 운구차를 20여 분 기다렸다. 화장장에 시간 맞추어서 2시 30분까지 도착해야 하고, 집 앞과 교회 앞을 들러야 해서 마음이 바빴다.

방호복으로 갈아입은 장례식장 직원과 운구차 운전기사가 어머니의 영구를 차에 실었다. 그 어떤 의식도 진행하지 않고 짧은 시간에 차에 실었다. 그 모습을 우리는 멀리서 지켜만 봐야 했다.

남편 차로 운구차를 집 앞으로 안내했으나, 집 앞 도로에서 전기공사가 한창이라 차를 돌려야 했다. 교회에는

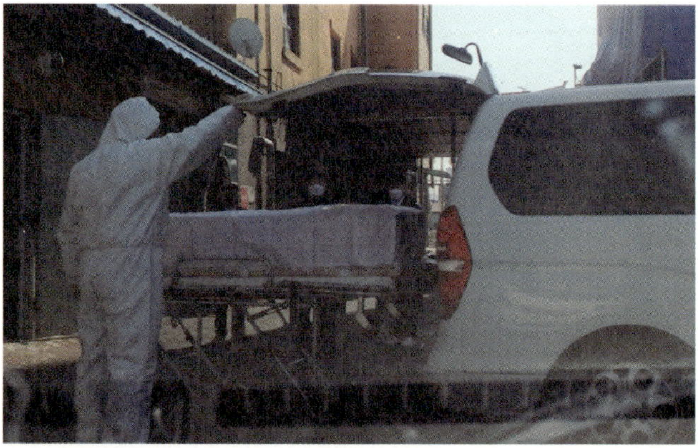

운구차에 실리는 어머니의 영구(2022.03.03.)

약속 시간보다 20여 분 늦게 도착했다. 목사님과 열다섯 분 정도의 교인들이 운구차 앞에서 예배를 드렸다. 15분이 소요되었다.

운구차가 서둘러 출발했다. 우리도 뒤따라 출발했는데도 운구차가 보이지 않아서, 한참 동안 홀로 달렸다. 다행히 신호등 앞에서 만났다. 이후에는 운구차의 속도에 맞추어 속도를 높였다. 운구차가 늦게 도착하고, 집 앞에서 전기공사하여 차를 돌리고, 이번에는 어머니의 운구차가 우리와 숨바꼭질하듯 했다. 어머니 모시는 길이 순탄치 않았다.

교회 앞에서 드린 발인 예배(2022.03.03.)

군산 승화원에 도착했다. 가족들이 영구를 옮겼다. 아주 짧은 시간이나마 가족들의 손길이 어머니에게 닿았다. 나는 그때부터 화장이 끝날 때까지 차 안에서 꼼짝하지 않고 앉아 있었다.

화장로에 들어가는 어머니의 영구(2022.03.03.)

1시간 30분 정도 지나서 가족들이 어머니의 유골함을 안고 나왔다. 남편은 어머니의 유골함을 집으로 모시고 갔고, 나는 연구소로 돌아왔다.

지금은 연구소에서 자가격리 해제를 기다리고 있다. 밤

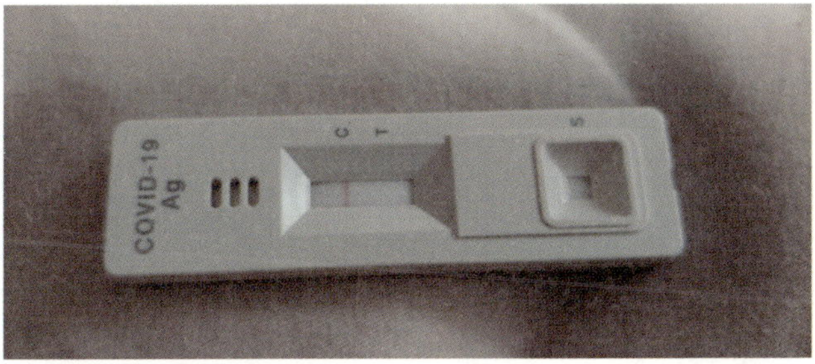

나의 자가진단 검사 결과(2022.03.03.)

12시가 지나면 집에 들어갈 수 있다. 오전에 자가진단 키트로 검사한 결과 한 줄이 나왔다.

첫 번째 어머니 제사상(2022.03.03.)

남편이 저녁에 어머니의 초우제를 지냈단다. 아버님과 큰아들이 함께했으며, 다섯 가지 과일·떡·북어만 놓았는데도 보기 좋았단다. 남편은 내일 저녁에도 제사를 지낼 거라고 했다.

3월 3일 오후 10시 46분

남편과 큰아들에게 데리러 와달라고 했다. 이 안에서 혼자 나가는 게 조금은 무섭다. 어젯밤에도 무서워서 불을 켜놓고 잤다.

3월 4일 오전 11시 40분

자정에 집으로 왔다. 어머니 영정과 유골함 앞에 술을 올리고 절을 했다. 전주에 있는 작은아들도 영상으로 절을 했다.

그리고 나는 모처럼 푹 잤다.

단골 떡집에 답례품으로 쓸 모시떡 70상자를 주문했다. 어젯밤 남편과 답례품에 대해서 상의했다. 처음에는 마실 것을 준비해야 하지 않느냐로 시작했다. 그런데 코로나로 실내 음식물 섭취가 안 될 것 같아서 답례품을 생각한 것이다. 1만 원 상당의 모시송편을 종이가방에 담아서 주면, 소박하게나마 감사의 마음을 전할 수 있을 것 같았다.

3월 4일 오후 1시 10분

꽃집에서 꽃을 가지고 왔다. 원장은 수십 년간 꽃장식을 해왔으나 추모 공간 꽃장식은 처음이라고 말했다. 그간 한 번도 겪어보지 못한 일이라고. 자신이 의미 있는 일을 하게 돼 뿌듯하고, 이런 추모문화를 확산시켜야 한다고 말했다.

연구소는 프리지어 꽃향기로 가득 찼다.

추모 공간 내부 꽃장식(2022.03.04.)

추모 공간 입구 꽃장식(2022.03.04.)

3월 4일 오후 7시 10분

제사상에 무엇을 올릴지 동서와 상의했는데, 우리는 시금치나물, 돼지고기 수육, 명태전, 소고기국 등으로 간단하게 차리기로 했다. 돼지고기 통수육은 어머니가 차렸던 제사상에서 필수 제사음식이었다.

오후 4시쯤에 시장에 가서, 단골 식품가게에 들렀다. 주인아주머니에게 어머니가 돌아가셨다고 말했더니, 어머니가 겉절이나 물김치 등을 가져다줘서 잘 먹고 그릇은 아직 가지고 있다며 눈물을 흘렸다. 아주머니가 시금치를 담는 동안에 생각이 바뀌었다. 나물을 세 가지는 해야겠다 싶어서 가지와 숙주나물도 달라고 했다. 아주머니는 물건값을 받지 않았다.

방앗간 앞을 지날 때, 어머니의 들기름과 참기름이 떠올랐다. 오랜 세월, 어머니는 들깨와 참깨를 사서 깨끗이 손질하여 방앗간에 맡겨서 짰다.

'앞으로는 어떻게 해야 하나!'

어머니가 방앗간에서 짠 들기름(2020.03.26.)

제사를 지냈다. 아버님, 남편, 시동생, 큰아들과 작은아들(영상), 나와 동서, 두 조카 순으로 술을 올렸다. 각자 절하고 나서 어머니에게 하고 싶은 말을 했다. 검정 양복을 차려입은 작은아들도 영상 속에서 모든 절차를 따라 했다.

두 번째 어머니 제사장(2022.03.04.)

제사를 마치고 식사할 때, 남편은 모두에게 앞으로 어머니 기일에 어떻게 하면 좋겠는지 물었다. 어머니는 교회 권사이지만 시조부모, 시부모의 제사를 지냈다. 우리는 할아버지, 할머니, 어머니 제사를 합쳐서 가장 빠른 어머니 기일에 맞추어 시제처럼 지내는 것으로 결정했다.

식사 중에 큰아들이 지난 설 이야기를 꺼냈다. 그때 내가 어머니에게 차례나 제사 때 가족들이 잘 먹지 않는 음식은 하지 말자고 말했다. 아들은 그렇게 말한 엄마도 나물을 세 가지나 했으니, 변한 게 없다며 웃었다.

3월 4일 오후 9시 40분

디자인업체에 들러 추모 공간에 전시할 현수막을 찾아 연구소로 갔다. 남편과 큰아들이 적당한 높이로 걸어놓았다.

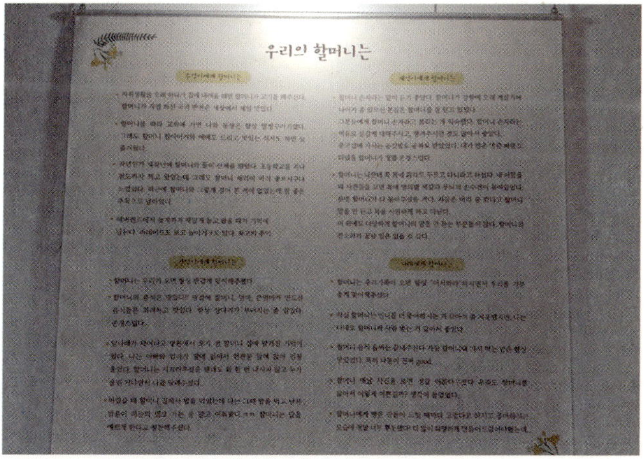

'우리의 할머니는' 현수막(2022.03.04.)

〈우리의 할머니는〉

큰아들에게 할머니는

• 자취생활을 오래 하다 집에 내려올 때면, 할머니가 고기를 해주셨다. 할머니가 직접 하신 국과 반찬은 세상에서 제일 맛있다.

• 할머니를 따라 교회에 가면 나와 동생은 항상 말썽꾸러기였다. 그래도 할머니 할아버지와 예배도 드리고 맛있는 식사도 하면 늘 즐거웠다.

• 작년인가 재작년에 할머니와 둘이 산책을 했었다. 초등학교를 지나 철도까지 찍고 왔었는데 그래도 할머니 체력이 아직 좋으시구나 느꼈었다. 최근에 할머니와 그렇게 걸어 본 적이 없었는데 참 좋은 추억으로 남아있다.

• 에버랜드에서 늦게까지 재밌게 놀고 왔을 때가 기억에 남는다. 퍼레이드도 보고 놀이기구도 탔다. 최고의 추억.

작은아들에게 할머니는

• 할머니 손자라는 말이 듣기 좋았다. 할머니가 장항에 오래 계셨기에 나이가 좀 있으신 분들은 할머니를 잘 알고 있었다.

어머니와 아들들(2006.04.18.)

그분들에게 할머니 손자라고 불리는 게 익숙했다. 할머니 손자라는 이유로 살갑게 대해주시고, 챙겨주시던 것도 많아서 좋았다. 중국집에 가서는 공깃밥도 공짜로 받았었다. 내가 받은 만큼 베풀고 다녔을 할머니가 정말 존경스럽다.

• 할머니는 나한테 꼭 목에 뭐라도 두르고 다니라고 하셨다. 나 어렸을 때 사진들을 보면 목에 별의별 색깔과 무늬의 손수건이 매여 있다. 분명 할머니가 다 매주셨을 거다. 지금은 머리 좀 컸다고 할머니 말을 안 듣고 목을 시원하게 하고 다닌다. 이 외에도 다양하게 할머니의 말을 안 듣는 부분들이 많다.

큰조카에게 할머니는

• 할머니는 우리가 오면 항상 반갑게 맞이해주셨다.

• 할머니의 음식은 맛있다!! 명절에 할머니, 엄마, 큰엄마가 만드신 음식들은 화려하고 맛있다. 항상 상다리가 부러지는 줄 알았다. 존경스럽다.

• 동생이 태어나고 병원에서 오기 전 할머니 집에 맡겨진 기억이 있다. 나는 아빠와 엄마가 옆에 없어서 현관문 앞에 앉아 엄청 울었다. 할머니는 시끄러우셨을 텐데도 화 한 번 내시지 않고 누가 울린 거냐면서 나를 달래주셨다.

• 어렸을 때 할머니 집에서 밥을 먹었는데 나는 그때 밥을 먹고 남은 밥풀이 하늘의 별로 가는 줄 알고 여쭤봤다. 할머니는 말을 예쁘게 한다고 칭찬해주셨다.

작은조카에게 할머니는

• 할머니는 우리 가족이 오면 항상 "어서 와라" 하시면서 우리를 기분 좋게 맞이해주셨다.

• 사실 할머니는 언니를 더 좋아하시는 거 같아서 좀 서운했지만, 나는 나대로 할머니께 사랑받는 거 같아서 좋았다. 할머

어머니와 조카들(2008.02.15.)

니 음식 솜씨는 끝내준다. 가끔 할머니댁 가서 먹는 밥은 항상 맛있었다. 특히 나물이 진짜 good.

• 할머니 옛날 사진을 보면 정말 아름다우셨다. 우리도 할머니 닮아서 이렇게 이쁜 걸까? 생각이 들었었다.

• 할머니에게 빵을 만들어 드릴 때마다 고맙다고 하시고 좋아하시는 모습에 정말 너무 뿌듯했다! 더 많이 다양하게 만들어 드렸어야 했는데….

〈할머니의 추억록〉

- 2021년 10월 16일 할머니가 해주신 이야기 -

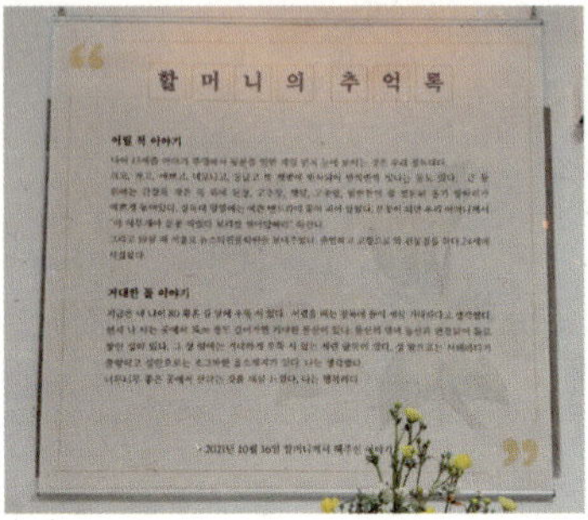

'할머니의 추억록' 현수막(2022.03.04.)

어릴 적 이야기

나이 13세쯤 이야기, 부엌에서 뒷문을 열면 제일 먼저 눈에 보이는 것은 우리 장독대다. 크고, 작고, 예쁘고, 네모나고, 둥글고 또 햇볕에 반사되어 반짝반짝 빛나는 돌도 있다. 큰 돌 위에는 간장독, 작은 독 위에 된장, 고추장, 깻잎, 고춧잎, 밑반찬이 잘 정돈된 옹기 항아리가 예쁘게 놓여 있다. 장독대 양옆에는 예쁜 맨드라미꽃이 피어 있었다. 분꽃이 피면 우리 어머니께서 "야 아무개야 분꽃 피었다 보리쌀 씻어 밥 해라~"하신다.

그리고 19살 때 서울로 뉴스타 편물학원에 보내주었다. 졸업하고 고향으로 와 편물점을 하다 24세에 시집왔다.

어머니의 분꽃
(2020.03.12.)

거대한 돌 이야기

지금은 내 나이 80 황혼길 앞에 우뚝 서 있다. 어렸을 때는 장독에 돌이 새삼 거대하다고 생각했다. 현재 내가 사는 곳에서 3킬로미터 정도 걸어가면 거대한 돌산이 있다. 돌산의 옆에 돌산과 연결되어 돌로 쌓은 성이 있다. 그 성 옆에는 거대하게 우뚝 서 있는 제련 굴뚝이 있다. 성 밖으로는 서해 바다가 출렁이고 성안으로는 조그마한 읍소재지가 있다. 나는 생각했다. 너무너무 좋은 곳에서 산다는 것을 새삼 느꼈다. 나는 행복하다.

장항제련소 굴뚝과 장암진성
(2022.01.02.)

3월 4일 오후 11시 50분

아버님이 잘 주무시는지 보려고 방문을 열어 보았다. 불 꺼진 방에서 아버님은 침대에 누워 잠을 청하고 있었다. 아버님은 어머니 제사상에 놓인 촛불을 끄고 자라고 몇 차례 당부했다.

3월 5일 오전 0시 45분

글을 쓰려니까 졸리다. 자야겠다.

3월 5일 오후 10시

오전 9시에 남편과 큰아들이 어머니의 영정사진과 유골함을 안고 선산으로 출발했다. 출발 전 아버님이 유골함을 안고, 영정사진을 어루만지며 소리 내 우셨다.

오전 9시 30분에 연구소에 들러서 이것저것 살피고 있는데, 꽃집 원장이 어머니 묘비에 놓을 리스를 가지고 왔다. 원장이 어머니에게 드리는 선물이란다. 프리지어 꽃 리스는 꽤 크고 예뻤다.

오전 9시 45분에 리스를 들고 산에 갔다. 어머니의 형제와 조카들, 그리고 나의 친정 오빠가 와 있었다. 어머니 유골함이 들어갈 자리에 네모반듯한 구멍이 파여 있고, 그 앞에 묘비가 자리 잡고 있었다. 묘비 앞에 리스를 놓았다.

아버님과 어머니(1981년 장항 동양사진관에서)

오전 10시에 목사님과 교인 10여 명이 산에 도착했다. 하관 예배를 드렸다. 기도, 찬송가, 성경구절 낭독 등의 순서로 진행되었다. 예배 내내 생전 어머니의 모습이 주마등처럼 떠올랐다.

예배가 끝나고 남편이 어머니 유골함을 땅속에 넣는 모습을 본 후부터는 소리 내 울었다. 목사님, 남편, 시동생이 차례대로 삽으로 흙을 퍼서 유골함 위에 뿌렸다. 그다음

어머니 묘소(2022.03.05)

하관 예배 중(2022.03.05.)

내가 흰 장갑을 낀 손으로 흙을 집어서 뿌렸다. 그때부터 나는 대성통곡을 했다. 흙 위에 무릎을 꿇고 엎드려 어머니가 들었으면 해서 크게 울었다. 어머니를 위해서 크게 크게 울고 싶었다. 울면서 두서없이 여러 말을 했다. 어머니가 보고 싶다고, 보고 싶을 거라고, 손주들 지켜주시라고, 잘못한 거 용서하시라고, 어머니의 된장과 고추장을 못 먹게 되었다고, 지금 된장을 담글 때인데 어머니가 없으시다고…. 남편과 아들이 붙잡아 일으켜서 울음을 서서히 멈추었다.

오전 11시 10분에 산에서 내려왔다. 교회 손님들에게는 점심 식사비를 챙겨드렸고, 우리는 연구소로 왔다. 우리

고추장을 담그는 어머니
(2019.02.14.)

된장을 담그는 어머니
(2018.05.02.)

말의 날(馬日)에 어머니가 담근 장(2021.04.28.)

답례떡 가방에 어머니 추모 리플렛을 담고 있다(2022.03.05.)

어머니 추모 리플렛, 모시떡 상자, 종이 가방(2022.03.05.)

가 산에 있는 동안에 친한 언니들과 아들 친구가 어머니 추모 공간을 지켜주었고, 답례떡이 도착하자 포장까지 해 주었다.

친척들은 어머니 전시를 둘러보며 어머니를 떠올렸다.

고모, 감사해요. 오랫동안 마음속에 항상 간직하고 있었어요…
-조카 종○

고모! 감사하고 사랑합니다. 천국 평안한 곳, 그곳에서 평안을 누리세요. 사랑해주신 거 고맙습니다. -조카 종○

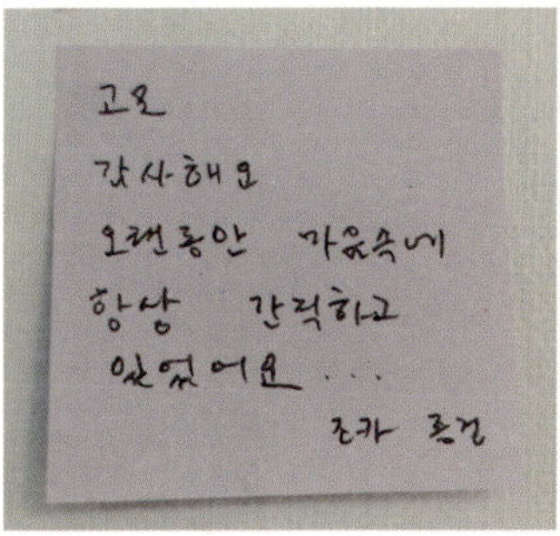

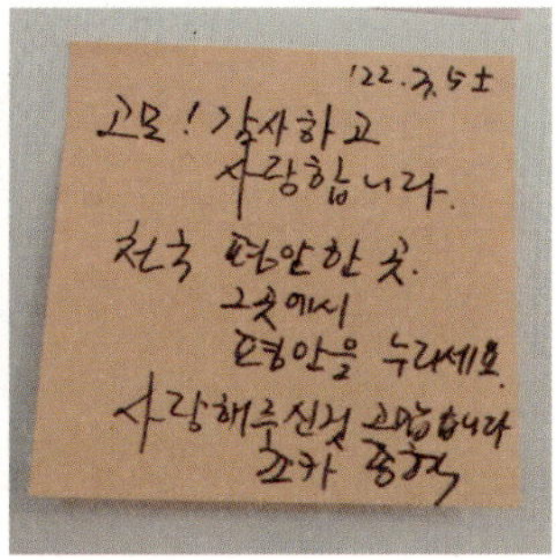

모두 연구소 맞은편 식당에서 놀래미탕 백반을 먹었다.

12시에 우리는 추모객 맞을 준비를 끝냈다. 남성들은 장례식장에서 빌린 검정 양복을 입었고, 여성들은 검정 계열 평상복을 입었다. 장례식장에서 상복을 내일까지 입기로 하고 대여했으나, 여성들은 한복이 불편해서 산에 다녀온 뒤에 갈아입었다.

우리는 추모 공간에 부의함을 놓지 않기로 했었다. 그런데 일부 손님들이 부의금을 주고 가서 할 수 없이 연구소에 있던 검정색 기부금함을 부의함으로 사용했다. 어머니 영정 옆에 부의 봉투와 부의함을 놓았다.

추모객들이 여러 명 왔다. 혼자 온 사람도 있고, 두 명에서 다섯 명까지 함께 온 사람들도 있다. 몇 사람에게는 추모 공간을 마련하게 된 계기와 그 과정에 관해서 안내했다. 대부분 어머니의 사진과 기록물을 보며 어머니를 추억했다. 일부는 포스트잇에 글을 남겨주고 갔다.

추모객이 전시 방에 들어가면, 조용히 그들만 있게끔

영정 옆 찬송가 책과
부의봉투. 부의함
(2022.03.06.)

커튼을 쳐주었다. 좁은 공간이라 둘러보는 데 많은 시간이 필요하지 않기에 천천히 둘러볼 수 있는 분위기를 제공하고 싶었다. 어느 때는 방 안에 있는 분들을 위해 밖에서 여러 명이 기다리기도 했다.

꽃집 수강생이 지인 두 명과 함께 방문했다. 세 사람은 상중인 줄은 모르고 왔다며 미안해했다. 우리는 감사한 마음으로 그들이 궁금해하는 이야기를 들려주었다. 손님은 어머니의 용돈 봉투를 보면서, 자신도 부모님에게 글이 적힌 용돈 봉투를 받았는데 한 개도 남기지 못한 게 후회된다고 말했다. 세 사람은 이런 추모 공간은 처음 보았

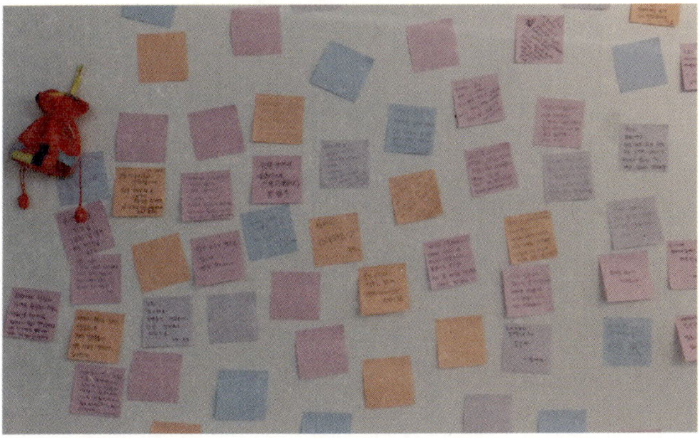

추모 및 관람 손님들이 쓴 포스트잇(2022.030.06)

고, 많이 배우고 간다는 인사말을 하고 나갔다.

아버님의 후배가 왔다. 그분은 추모 공간을 둘러보더니, "이건 문화여!"라고 말했다. 아마도 보이는 것이 새롭고 좋다는 뜻으로 말한 듯하다. 그분이 어머니에 관한 추억을 몇 가지 들려주었는데, 듣는 내내 위로가 되었다.

사진을 보면서 옛 추억으로 간직하겠습니다. -정○○

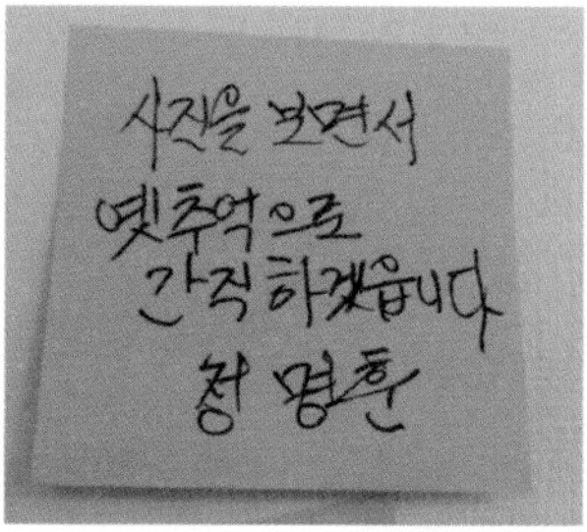

어머니가 무척이나 좋아한 친구분들은 오시지 않았다. 어느 때는 어머니가 우리보다 친구들을 더 좋아하는 것 같아서 샘을 내기도 했을 정도였다. 그 친구들이 와주셨으면 바랐는데. 그분들에게 떡이라도 넉넉히 가져다드려야겠다.

생전에 어머니가 친구들의 죽음에 대한 느낌을 말해준 적이 있다. 날마다 보던 친구가 한동안 보이지 않다 부음이 들려오면 슬퍼하면서도 장례식장에 가지 못하고, 부의금도 못 전하는 것에 대해서 안타까워했다. 고인이 자식들이 있는 대도시 요양병원에서 세상을 뜨고, 장례도 그곳에서 치러지는 경우가 많아 가 볼 수 없다고 했다. 그래서 이번 어머니 장례 때는 친구분들을 모시고 싶었다. 이미 부의금을 다른 사람을 통해 준 분들도 있으나, 약 300미터 가까이에 마련된 추모 공간에 직접 와 주셨으면 했다. 이 공간을 준비하는 동안 그분들을 많이 생각했다.

남편과 함께 답례떡 열 상자를 가지고 친구분들을 찾아갔다. 현관에 여러 켤레의 신발이 놓여 있고, 방에서는 떠들썩한 소리가 들렸다. 한 분이 나오셔서 떡을 받아주셨다.

저녁에 어머니 친구분이 전화를 주셨다. 자신이 외출 중일 때 우리가 다녀갔다며, 그냥 보내서 미안하다고 말했다. 그러면서 내일 다녀갈 거라고 말했다.

청소년수련관 관장이 왔다. 관장은 추모 공간을 마련한다고 해서 많은 생각을 하고 왔단다. 어떤 모습일지 궁금

함도 있었단다. 관장은 자신도 부모님들이 계시지만, 그분들의 사진을 찍고 그분들에 대해서 뭔가 기록하는 것에 대해서 생각하지 못했다고 했다. 아주 특별한 날에나 사진을 찍지, 평소에 찍는 것은 더욱이 생각하지 못한다고. 관장도 이제 부모님을 기록해야겠다고 했다.

추모 공간을 둘러보던 어느 손님은, 자신은 어머니의 제대로 된 사진을 한 장도 갖고 있지 않다고 말했다. 그 말을 듣는 순간, 오히려 내가 미안한 마음이 들었다.

우리 부부와 시동생네 부부의 몇몇 친구들과 지인들이 다녀갔다.

길자 님 꿈(삶)이 소박하고 맛깔스럽네요. -모두의 꿈이 그러하듯이-. 기록되지 않아도 우주가 모든 꿈을 기록할 겁니다. God bless you!

어머니의 사랑과 자녀들 손자들의 사랑이 아름다운 이야기로 잊혀지지 않고 기억한다는 것. 너무 좋아하실 것 같습니다. 편히 주님 곁에서 쉬세요.

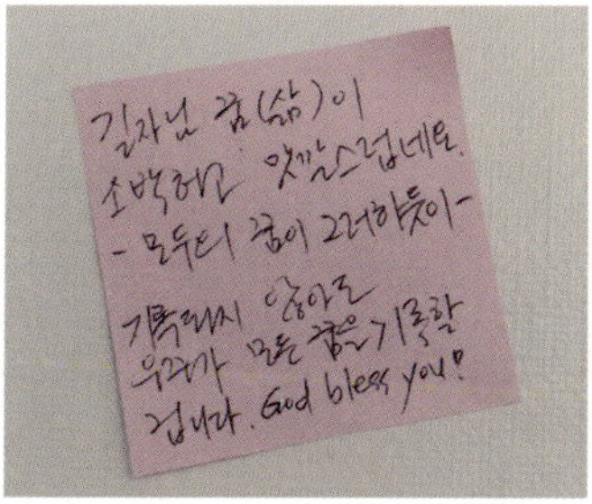

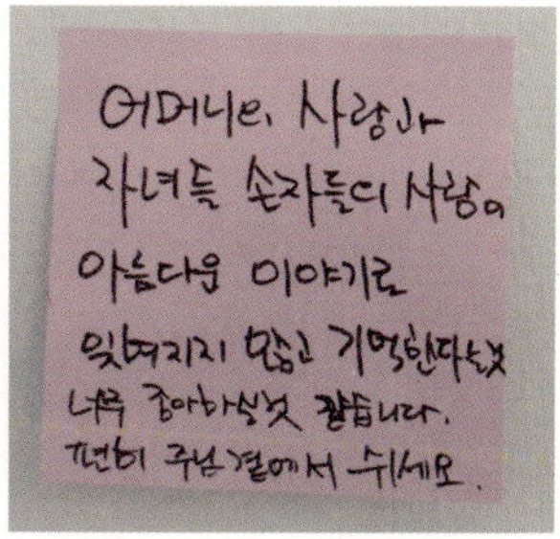

곳곳에 아름다운 향기가 넘치는 예소에서 어머님의 고운 삶과 사랑, 헌신을 기억할 이 순간에 감사드립니다. 2022.03.06. -이○○

한 여성의 삶, 어머니의 삶, 소박하고 향기롭게 살다 가셨음을 …… -홍○○

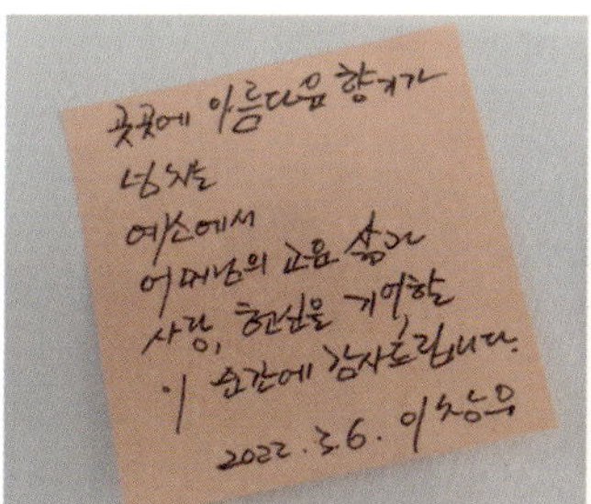

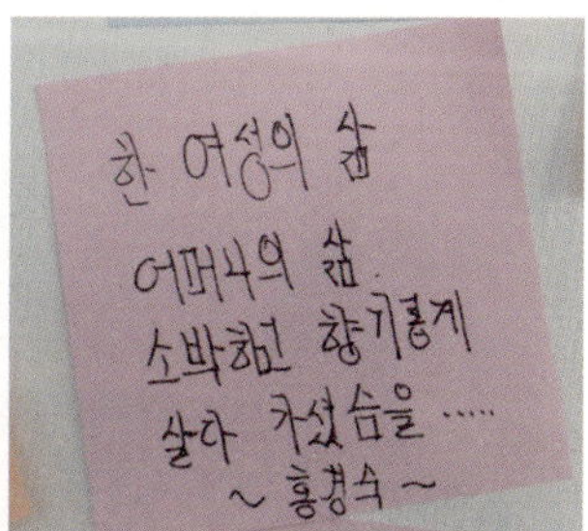

한 生(생)을 꽃피우고 그 꽃, 햇살이 되고, 향기 되었습니다. 길자님! 행복하셨길 빌며 수고하셨습니다. -정○

꽃처럼 살다가 가셨습니다.

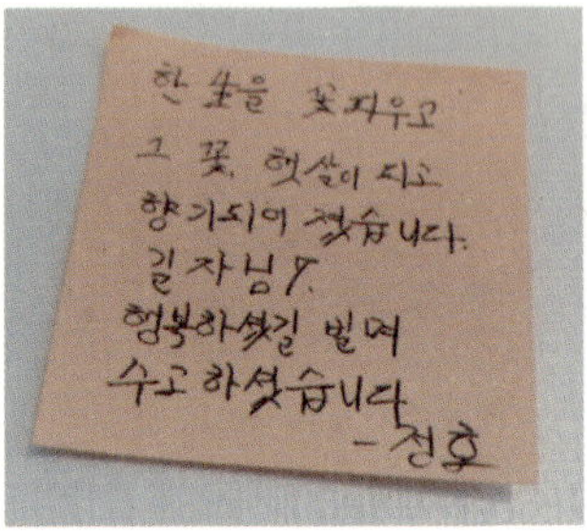

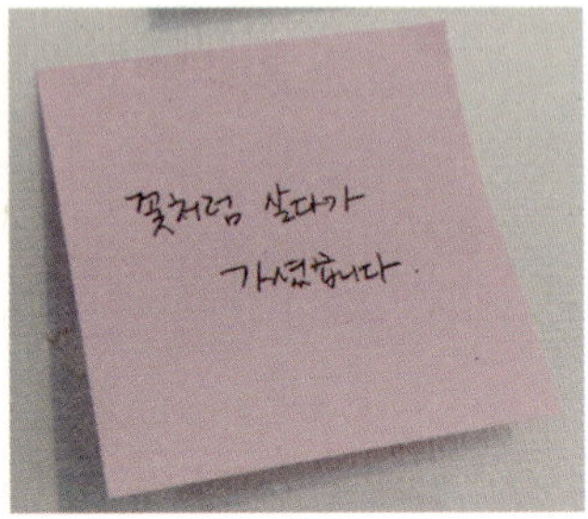

전주 서학동사진미술관 김 관장님도 다녀가셨다.

어머님의 밝고 고운 모습 아름답습니다. 자손들의 정성과 애정이 함께해서 더욱 아름답습니다. 좋은 곳에서 평안하시기 바랍니다. -김○○

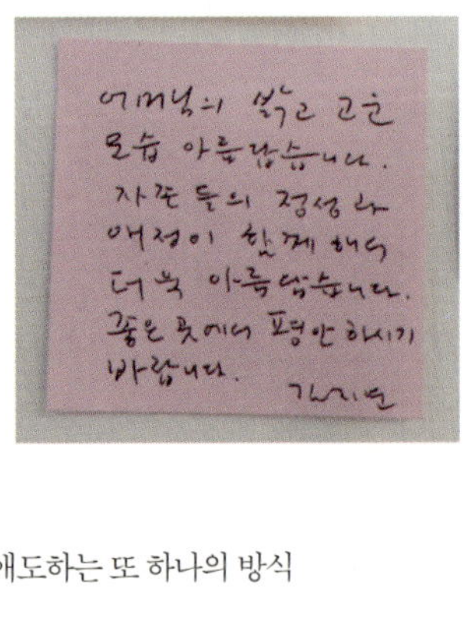

오후 5시 30분에 우리는 마칠 준비를 했다. 오늘 답례떡은 1차로 70상자, 좀 전에 2차로 50상자를 받았다. 1차로 받은 게 조금 남았으니, 모두 약 60상자가 남아있다. 기온이 낮아서 하루 더 놓아도 될 듯하다. 혹시 남으면 이웃들에게 나눌 생각이다.

좀 전에 큰아들과 식탁에서 이야기를 나누었다. 아들은 엄숙한 순간에 나 때문에 웃음을 참느라 고생했단다. 내가 자가격리 해제되고 집에 오자마자 어머니 제사상 앞에서 절할 때, 절을 할수록 몸이 점점 왼쪽으로 도는 것을 보며 웃음이 나서 많이 참았단다. 나는 큰절을 드린다며 네 번 절을 했다. 눈을 감고 했다. 절을 마치고 눈을 뜬 순간, 내 몸이 좌측으로 45도 돌아있어서 깜짝 놀랐다. 아들은 그렇게 하는 것이 전통인가라는 생각까지 했단다. 그리고 산에서 하관할 때, 내가 울면서 "어머니, 된장! 된장!"하는 소리에 마음속으로 웃음이 났단다.

3월 6일 오후 1시 20분

오전 11시에 연구소 문을 열었다. 프리지어 향기가 반겼다. 오늘도 추모객이 몇 분 오실 것 같아 정리를 하고 있는데, 시동생네 가족이 들어왔다.

12시가 조금 지나, 30여 년 가까이 알고 지내는 언니가 연구소 옆에 있는 교회에서 예배를 마친 뒤 들렀다. 언니는 전시를 몇 번 보아서 그런지 어머니가 잘 아는 분처럼 느껴진다며 슬퍼했다.

아버님과 어머니 결혼사진(1966년 장항 미라미예식장에서)

3월 6일 오후 4시

오후 1시쯤, 디지털 액자에서 나오는 어머니의 시 낭송 소리만이 추모 공간을 채웠다. 이틀간 우리는 원하든 원하지 않든 어머니의 음성을 반복해서 듣고 있다. 우리는 리플렛에 실린 시를 보며, 시계방향으로 돌아가면서 한 줄씩 낭독했다. 가족들과 함께 있는 것만으로도 큰 위안이 되었는데, 어머니 시를 함께 낭독하니까 마음이 더욱 따뜻해졌다.

백 년에 한 번 피는 꽃 있어

윤○○ 지음

(1966년 어머니의 결혼식에서 아버님의 친구 윤○○ 님이 낭독함)

백 년에 한 번씩 피는 꽃 있어
봄 여름 가을 겨울
물 주어 가꾸어 꽃이 피었네
핀 꽃 내음새 지피던 어느 날
먼 한풍에 방황하던 나비가
평지에 나래를 펴고
가슴에 종을 울렸네

꽃이여 빛처럼 고와라
정이여 한숨처럼 깊어라
사랑 사랑 사랑
공기처럼 항상 내 곁에 있어라

목사님이 오셔서, 전시를 천천히 둘러보며 어머니를 추억했다.

존경하는 김길자 권사님, 천국에서 안식하고 계시죠. 조금 뒤에 하나님의 인도를 따라 천국에서 봬요. 사랑하고 축복해요.
-김○○

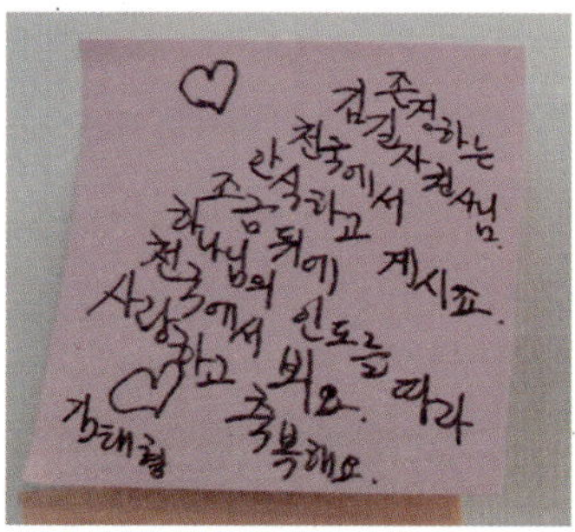

어머니의 음식을 먹어본 손님들은 어머니의 음식도 함께 떠올렸다.

목사님은 어머니 음식 사진을 보면서, 어머니의 초대로

우리집에 와서 콩국수를 먹은 적이 있다고 말했다. 어머니는 매해 여름마다 직접 콩을 갈아서 가족과 주변 사람들에게 콩국수를 해주었는데, 이제 그 콩국수를 먹을 수 없게 되었다.

어머니의 콩국수(2019.06.18.)

김치찌개, 할머니가 끓여주신 게 제일 맛있어요! -나○○

어머님께서 몇 년 전 해주신 밥을 맛있게 먹었습니다. 많이 감사했습니다. -고○

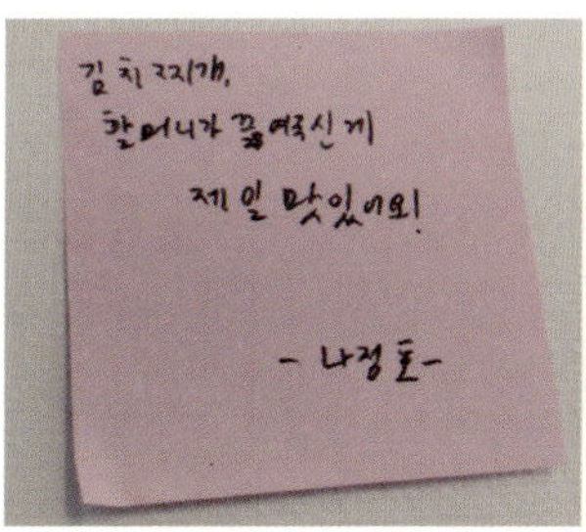

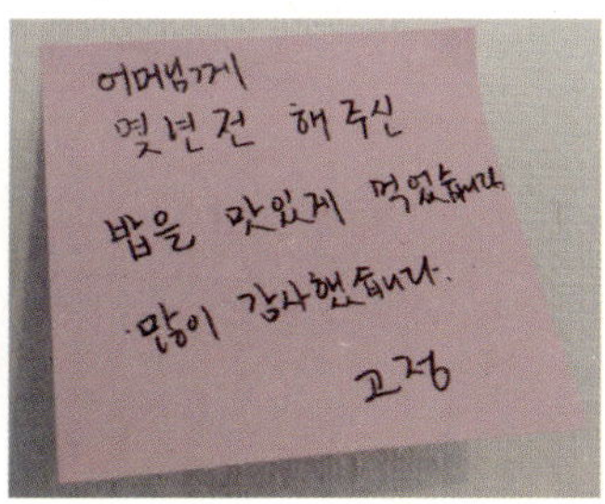

어머니 친구분들이 오셨다. 여덟 분 중에 어머니보다 젊고, 가장 나이가 적은 분이 많이 울었다. 그분은 더러 장날에 어머니가 좋아하는 두부, 도토리묵 등을 사다 주었다. 쇠약하신 어머니가 뭐라도 잘 드셨으면 해서 그렇게 했단다. 친구분들은 어머니의 사진과 기록을 둘러본 뒤, 어머니를 보고 간다며 고맙다고 했다.

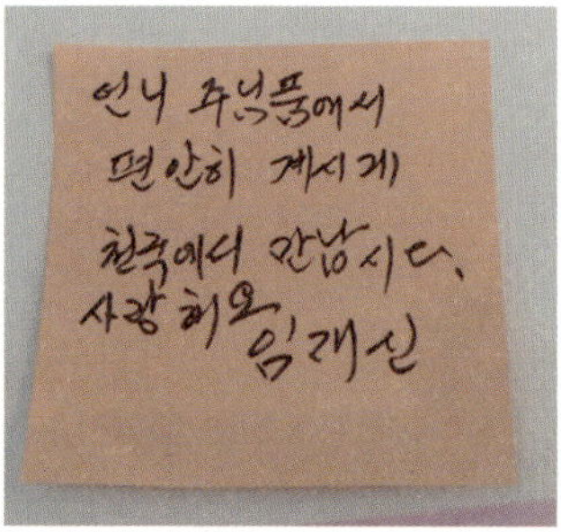

언니, 주님 품에서 편안히 계시게. 천국에서 만납시다. 사랑해요. -임○○

어머니 교회의 한 교인이 왔다. 그녀는 어머니가 자신을 예뻐해주었고, 추모 공간에 오니 어머니가 아직 함께 계신 것 같다고 눈물을 흘렸다. 그녀의 친정아버지가 89세

어머니의 친구분들이 추모 공간에 오셨다(2022.03.06.)

어머니와 친목계원들(1975.09.11. 아랫줄 오른쪽 첫 번째가 어머니)

인데, 최근 오토바이 사고를 당하셔서 몸이 좋지 않다며, 친정아버지를 기록한다는 건 생각지도 못했단다. 그녀는 이제부터라도 해보겠다고 말했다.

큰아들 친구의 부모들이 와서 어머니의 기록을 자세히 들여다봤다.

3월 6일 오후 10시

오후 6시쯤에, 추모객이 더 오지 않을 것 같아 남은 답례떡을 이웃들에게 드릴 준비를 했다. 떡이 넉넉해 이웃들 외에도 어머니를 기억할 분들이 누가 있을까 생각하니 여러 명이 떠올랐다. 연화식당, 진수성찬, 석화칼국수, 상원상회, 시장 생선가게 두 곳, 대중방앗간, 송도나루, 화신약국, 한일병원, 케익마차 빵집, 천냥하우스, 시온미용실, 장항해장국, 청제이모, 어머니가 "5층 언니"라고 부르는 분 등. 어머니의 단골집이고, 오랫동안 알고 지낸 분들이다. 하나같이 평소 어머니에게 잘해주신 분들이다.

차에 떡을 싣고, 시내를 한 바퀴 돌았다. 몇 군데는 전해드렸고, 몇 군데는 문을 닫아서 드리지 못했다. 더러 어머니를 쉽게 떠올리지 못하는 분에게는 리플렛에 있는 어머니의 사진을 보여드렸다. 그들은 사진을 보자마자 어머니를 알아보고는 안타까워했다.

집에 들어오면서 장항해장국에 들러 가족들이 저녁으로 먹을 해장국과 제육볶음을 포장해 왔다. 식당 주인에게도 리플렛과 떡을 드렸다. 그녀는 어머니가 무척 멋쟁이였다고 기억했다.

집에 와서 이웃집에 떡을 돌렸다. 한 이웃은 어머니가 볼 때마다 반갑게 인사해준 걸 기억하며 슬퍼했다. 몇 분은 떡을 받으며 다소 미안한 표정을 지었다. 그분들에게는 받아주어 고맙다고 말했다.

3월 7일 낮 12시 43분

아버님 방에서 울음소리가 들린다.

아버님은 다니시던 주간보호센터에는 10일부터 가겠단다.

3월 7일 오후 4시 09분

어머니 단골 빵집에 들러서 모시떡을 주고 왔다. 주인 여성은 어머니를 기억하며 눈물을 보였다. 한일병원에 들어가서 직원들에게 어머니의 리플렛 사진을 보여주었다. 직원들이 사진만 보고도 "김길자 보호자님 들어오세요." 라고 말했다. 리플렛을 들여다보는 원장이 잠시 말을 잇지 못했다. 시온미용실 원장은 얼마 전에 어머니와 식사 약속을 했다며, 매우 안타까워했다. 내가 그분들에게 어머니를 대신해서 작별 인사를 한 셈이다.

장례식장 비용(안치, 운구)은 화장장에 가기 직전에 모두 정산을 마쳤었다. 19시간 안치와 기타 비용을 포함해서 장례식장에 310만 원을 냈다. 염습과 안치실 사용료로 125만 원이었고, 장례식장 직원이 시신을 운구차에서 내려서 안치실로 옮기고, 안치실에서 운구차로 옮긴 비용이 100만 원이었다. 시신백을 열어보지도 못한 우리로서는 과하다는 생각이 든다고 말했더니, 직원은 목숨 걸고 한 일이라고 말했다.

아산 운구차 비용은 80만 원을 주었다. 차량 20만 원, 인건비 2명 40만 원, 시신백 등 20만 원. 그런데 인건비는 1명이어야 하는데, 2명으로 청구되었다. 장례식장에서 화장시설(군산 승화원)까지 가는 비용은 55만 원(방역 2회, 15만 원 포함)을 주었다.

코로나19로 사망 시, 정부에서 전파방지비용 300만 원 이내, 장례비 1,000만 원이 나올 거란다.

답례 문자를 작성해야 한다.

> 삼가 인사드립니다.
> 지난 3월 2일 저희 어머니께서 별세하셨을 때, 베풀어주신 조의와 온정에 깊이 감사드립니다. 문자로 인사를 대신하게 된 점 헤아려주시고, 보답할 수 있도록 경조사 시 꼭 연락주시길 부탁드립니다. 늘 평안하시기를 기원합니다.
>
> 2022. 3. 8.
>
> ○○○ 배상

2. 기억의 방식

3월 8일 오전 10시 30분

연구소 문을 열었다. 여전히 프리지어 향이 가득했다. 꽃이 더 오래 가길 바라는 마음으로 꽃병의 물을 갈아주고, 플로라폼에 물을 골고루 적셔주었다.

3월 8일 오후 12시 10분

지유명차 점장이 연구소에 왔다. 보이차 병차 한 편과 찻잔을 가지고 왔다. 점장은 어머니 사진 앞에 보이차를 올렸다.

지유명차 점장이 어머니 영정에 올린 차(2022.03.08.)

3월 8일 오후 4시 30분

남편이 읍 행정복지센터에 가서 어머니 사망신고를 하고 왔다. 현재 코로나19 신규 확진자가 하루 평균 20만 명에 달하고, 제20대 대통령 선거가 있고, 동해안 산불 피해가 심각하고, 우크라이나 사태가 악화되고 있다. 이렇게 어수선한 시기에 어머니를 황망하게 보내드렸다. 우리 같은 아픔을 겪는 사람들이 많을 듯하다.

3월 9일 오전 11시 30분

어머니가 버리려고 베란다에 내놓은 낡은 옷을 쓰레기봉투에 바로 담으려니까 마음이 불편했다. 보자기에 싸서 봉투에 담았다. 어머니가 즐겨 입었던 옷이나 신발은 사진으로 남겨 놓은 후에 쓰레기봉투에 담아 내놓거나, 상태가 좋은 물품은 재활용센터에 가져다주어야겠다.

3월 9일 오후 12시 50분

투표날에는 언제든 부모님을 모시고 투표장에 갔었는데, 오늘 처음으로 아버님만 모시고 갔다. 투표를 마치고 나서 아버님을 모시고 연구소에 들렀다. 어머니 영정사진 앞에 보이차를 올리고, 우리도 한 잔씩 마셨다.

어머니가 평소에 가지고 다니셨던 가방 안에 여러 소지품이 들어있었다. 판콜에이, 립스틱, 립글로스, 손수건, 지갑, 마스크 여러 장, 인주, 은행 거래내역 확인증, 3월 노인공익활동 활동일지, 투명 비닐봉투에 담긴 작은 수첩과 볼펜 등.

수첩을 펼쳐 살펴보니, 지난해 12월부터 최근 1월 말까지 어머니가 쓴 일기가 있었다. 한 달 정도 어머니의 하루

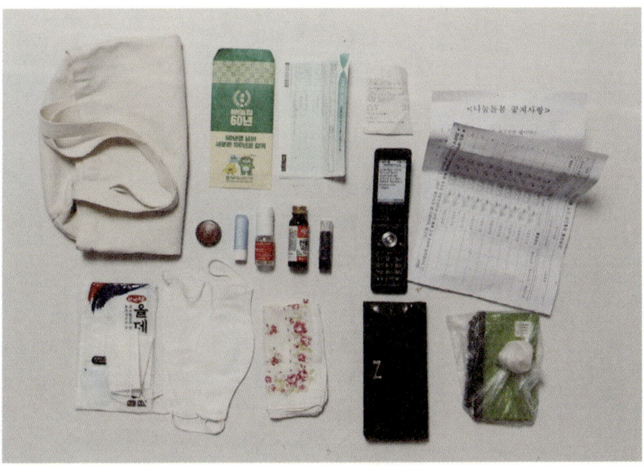

어머니의 가방 속에 들어있던 물품들(2022.03.10.)

하루가 글과 그림으로 기록돼 있었다. 수첩이 가방에 있는 것으로 보아서, 친구 집에서 놀 때 쓴 것으로 보인다. '행복하다'라는 말이 여러 번 눈에 띄어서 조금은 마음이 놓인다. 어머니가 일기를 쓰셨다니, 매우 놀랍다. 어쩌면 자신의 전시를 계기로 썼는지도 모른다.

(좌) 12月 15日
오늘도 주영이 엄마가 (친구 집에) 태워다주었다. 고마웠다. 경자가 점심 사주었다. 잘 먹었다. 4층 언니 베지밀 36,000원 입

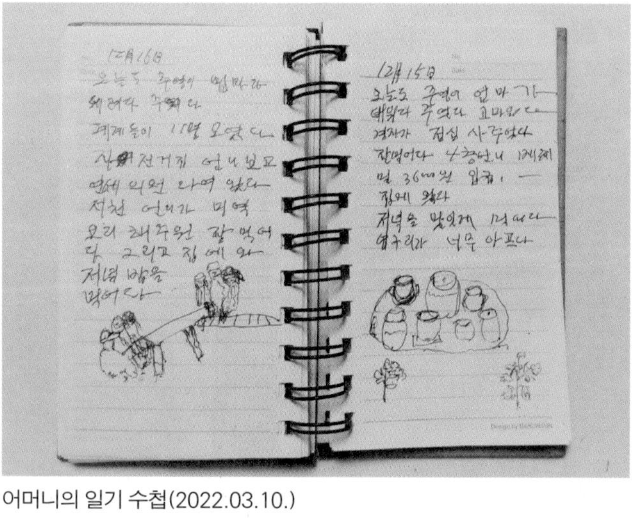

어머니의 일기 수첩(2022.03.10.)

금. 집에 왔다. 저녁을 맛있게 먹었다. 옆구리가 너무 아프다.

(우) 12月 16日
오늘도 주영이 엄마가 데려다주었다. 페계들이 11명 모였다. 자전거 집 언니 모시고 연세의원 다녀왔다. 서천 언니가 미역 요리해주어서 잘 먹었다. 그리고 집에 와 저녁을 먹었다.

3월 9일 오후 3시 45분

남편과 다투었다. 남편이 테니스장에 가서 답례품 수건을 전달하겠다고 해서, 운동은 삼가라고 말했다. 남편은 지금이 조선시대냐, 회사에도 가지 말라고 하지 그러냐고 화를 냈다. 그리고 내 생각이 상식 밖이라고 말했다. 뭐라 할말이 없었다. 남편은 답례품만 전달하고 돌아왔다. 시간이 얼마 지나서, '상식'이란 말을 떠올렸다. '어머니의 장례는 상식적으로 치러진 게 아니다.'

3월 9일, 10일

오전부터 밤까지 어머니의 옷을 정리했다. 옷, 가방, 신발 등을 순서대로 꺼내 하나씩 사진을 찍고 버릴 것과 기부할 것으로 구분했다. 사진을 찍을 때, 어머니가 생전에 입었던 모습이 절로 떠올라 기분이 편안했다. 훗날에 이 사진들을 보면 어머니 생각이 더 생생하게 떠오를 거라는 생각에 힘들어도 정성껏 찍었다. 사진으로 남기지 않고 정리했다면, 그리웠을 뻔했다.

어머니 옷 사진(2022.03.10.)

오래되어 낡고 색이 변한 옷은 보자기에 싸 소각용 봉투에 넣었다. 소각용 봉투에 넣어 내놓아도 어머니에게 태워드리는 거나 마찬가지일 것이다. 그러나 옷을 많이 태우면 망자가 저승에서 "무겁다, 무겁다!"라고 할 거라니 재사용하는 게 나을지도 모른다. 상태가 좋은 옷은 아무리 비싼 거라도 지인들에게 주는 게 내키지 않았다. 모두 기부하기로 마음먹었다. 기부할 옷을 대형 검정봉투에 담으니 4개 정도 나왔다. 일부 옷은 내가 입으려고 별도로 골라 놓았다. 그러나 좋은 옷이라도 내가 입은 모습을 보고 가족들이 어머니를 많이 떠올릴 것 같은 옷은 기부 봉투에 넣었다.

옆 동 101호 아주머니가 부의금을 들고 방문했다. 아주머니는 어머니가 강단 있는 분이라 더 오래 계실 줄 알았다고 했다. 그리고 함께 살던 가족들이 힘들 거라고도 말했다. 본인도 1년 전에 남편을 잃었을 때 그랬다며, 나를 위로해주었다.

3월 11일

고속도로휴게소에서 아들과 함께 캐러멜 마키아토를 주문했다. 어머니는 단 걸 무척 좋아해서 카페에 가면 캐러멜 마키아토만 드셨다. 몇 해 전에도 휴게소에서 친정엄마와 어머니가 캐러멜 마키아토를 드시던 생각이 났다.

어머니의 옷을 재활용센터에 가져갔다. 차에서 꺼낸 보따리를 센터 바닥에 내려놓을 때, 마음이 조금 무거웠다. 직원들이 우스갯소리로 가방 속에 수표라도 있는지 다시 보라고 말했다. 그 덕분에 마음이 조금 가벼워졌다.

3월 12일

어머니의 서랍에서 또 하나의 수첩을 발견했다. 어머니 지인들의 연락처가 적혀 있었다. 먼 지역에 계셔서 소식을 듣지 못했을 것 같은 분들에게 전화를 드렸다. 모두 슬퍼했다. 몇 분은 계좌번호를 알려달라고 했으나, 정중히 사양했다.

어머니가 오랫동안 거래한 화장품 방문판매원에게 전화했다. 판매원은 50년생(73세)이고, 화장품 방문판매를

53년(19세부터)간 했다는 분이다. 어머니는 그분에게만 화장품을 사서 썼고, 매달 조금씩 화장품값을 나누어 드렸다. 잔금이 남아있을 것 같았다.

그분은 어머니가 돌아가신 걸 몰랐단다. 장부를 보니 111,000원이 남아있어서, 전부 드렸다. 그분은 어머니에 대한 기억을 말했다. 많은 고객 중에 마음을 터놓고 이야기할 수 있는 분이 몇 분 있는데, 어머니는 그런 분이었단다. 1월 초에 방문했을 때, 어머니가 얼마나 더 볼 수 있을지 모른다며 잔금을 주려고 했단다. 그분이 더 볼 수 있을 테니 다 주지 말라고 말했고, 어머니는 만약에 본인이 떠나도 며느리가 줄 테니 그러자고 했단다. 2년 전에도 어머

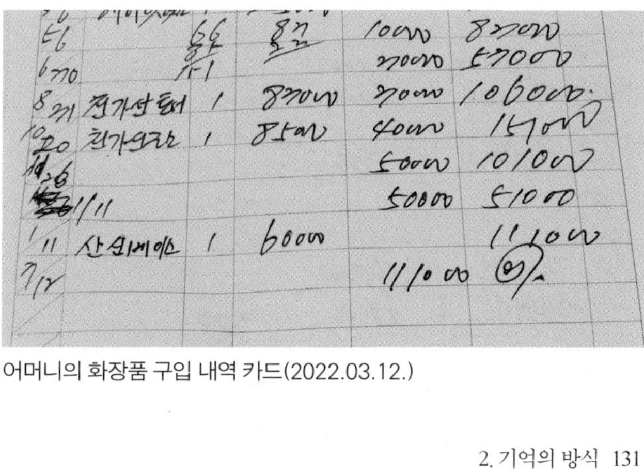

어머니의 화장품 구입 내역 카드(2022.03.12.)

니는 그렇게 잔금을 모두 주신 적이 있었단다. 아주머니는 평소대로 화장품 샘플을 푸짐하게 주고도 상품 하나를 선물로 주었다. 나는 그분에게 어머니가 손수 뜬 분홍색 목도리를 드렸다.

위로해주는 글들이 눈에 띈다.

문재인 대통령의 위로의 글
2022.03.12. 한겨레, 〈문 대통령, 코로나 사망 1만 명에 "임종도 못한 슬픔 깊은 위로"〉

3월 13일

새벽에 어머니 꿈을 꾸었다. 잠이 깰 때, 평소 어머니가 모임방에 가셨다가 오후 5시면 현관문을 열고 들어오시던 모습이 떠올랐다. 집에서 일하는 날이면, 어머니는 내게 "집에 있었냐? 방에 들어가서 좀 쉬어라!"라고 다정하게 말했다.

3월 14일

어머니의 은행 통장 해지나 보험 계약자 명의 변경을

하는데, 준비할 서류가 꽤 많다. 망자와 관련된 서류, 신청자 서류 등등. 아울러 상속자들의 인감증명서와 위임장 등도 준비해야 한다. 늘 가방에 아들의 보험증권을 가지고 다녔다. 계약자가 어머니로 돼 있어서, 몇 년 전부터 어머니를 모시고 보험회사에 가서 명의를 변경하려고 했다. 결국 때를 놓쳐서, 복잡한 절차를 거쳐야 한다.

서학동사진미술관 김 관장님에게 메일로 인사드렸다.

2022-03-13 17:02
받는 사람: 김○○ 관장님

안녕하세요.
관장님,
한 주 잘 지내셨나요?
다녀가신 지 벌써 일주일이 지났어요.
어머니가 떠나신 후 시간이 너무 빨리 가요.
세상은 제게 일상으로 돌아가라고 강요하고 있고,
저도 그러려고 노력해요. 그래서 어머니의 옷을 벌써 정리했어요.
한참 후에 해야지 한 일인데 말이에요.

그러면서 가끔은 외롭다고 느껴요.
나만 유별난가 싶어서 표현하는 것도 꺼려져요.
참, 이번 글(관장님의 신문 칼럼)도 잘 읽었어요.
처음으로 스크랩을 한 주 빠트렸어요.
어머니께서 병원에 가신 2월 25일 날짜 것을 남겨두지 못했어요.

건강한 한 주 시작하세요.~

2022-03-15 (화) 16:40
보낸 사람: 김○○ 관장님

예소를 나오면서, '길자 님은 참 행복한 분이다. 나도 저렇게 가면 좋겠다'. 이런 생각이 들었습니다.
그렇게 사랑받으면서 말이에요.
이제 잘 가시라고 보내드리고, 새로운 힘을 내세요.

저도 코로나 확진자가 되어 집에 머물고 있습니다. 며칠 전부터 목이 아파서 어제 검사를 받고 오늘 확진 통보를 받았어요.
남편이 기저질환자라 걱정이 되죠. 이상을 느낀 첫날부터 마스크를 쓰고 식사도 따로 하면서 주의를 했어요.
남편은 증상이 없지만 내일 검사를 받으러 갈 겁니다.

나중에 편안한 얼굴로 보십시다.

인터넷에 코로나19 사별에 관한 애도와 기록의 장이 생겼다.

사회적 추모와 애도
2022.03.14. 주간경향 제1468호, 〈빼앗긴 '애도의 시간'을 찾아서〉, 정희완 기자

애도와 기억의 장 홈페이지 https:/remember2022.net/

3월 15일

낮에 어머니 생각이 많이 났다. 지난해 가을에 어머니는 편찮으셔서 집에 혼자 계시는 날이 많았다. 어느 날 어머니가 출근하는 내게 바쁘더라도 전화를 한 번씩 해달라고 말했다. 그래서 아침에 어머니의 컨디션이 안 좋아 보이면, 회사에서 전화를 드렸다. 어머니가 좋아했지만, 더

러 번거롭게 느껴진 적도 있었다. 오늘 집에 혼자 있으면서, 어머니가 내 전화를 받고 싶어 한 이유를 조금은 이해했다. 더러 외롭고, 서글프고, 답답했겠구나.

3월 16일

어머니가 쓰던 화장품을 정리했다. 다 쓰고 빈 케이스만 있는 것, 쓰다 만 것, 한 번도 쓴 적 없는 새것 등등. 빈 케이스를 보니 마음이 무거웠다. 아직 리필제품이 남아있는데, 제 시기에 채워드리지 못한 게 후회된다.

농협마트에 갔다. 어머니와 함께 장을 볼 때가 많았다. 이제 혼자라는 게 쓸쓸했다. 계산대에서 적립포인트를 확인하다가, 직원에게 어머니의 포인트를 물었다. 직원은 어머니의 이름과 전화번호로 검색했다. 그런데 포인트가 남아있긴 한데, 사용할 수 없단다. 어머니의 포인트를 남은 가족들이 쓸 수 없으며, 어머니의 부재가 느껴져 속상했다.

3월 17일

어머니가 심부전증 치료를 받기 위해 다녔던 병원에 전화했다. 3월 4일 날짜로 예약을 해놓은 상태였는데, 그 날짜가 지났다. 3~4년간 어머니를 치료해준 의사였기에 방문해서 인사하고 싶었으나, 시일이 자꾸만 지나가니 전화로라도 인사하고 싶었다. 전화 받은 간호사가 처음에는 어떤 경우에도 전화 면담은 안 된다고 거절했다. 할 수 없이 사정을 설명하고 나서, 의사와 통화할 수 있었다. 의사에게 그동안 치료해주어 감사하다고 인사했고, 의사는 가족들이 그동안 고생 많았다고 위로해주었다. 의사는 자신이 한두 가지 약을 처방한 것밖에 한 일이 없고, 지난 검사 결과가 나쁘지 않았고, 심장이 안 좋은 분들은 호흡기 질환에 걸리면 상태가 나빠지는 경우가 많다고 말했다. 마지막 말에 조금 위로가 되었다. 사실 어머니의 사망 원인을 코로나19가 아닌, 나한테서 찾으며 죄책감을 느끼고 있다. 지병이 있으신 어머니를 살뜰하게 돌봐드리지 못했다는 생각이 머릿속을 맴돌고 있다.

오후에 연구소의 프리지어 꽃을 밖으로 내놓았다. 시들었어도 모아 놓으니 나름 예뻐 보였다. 날이 다시 추워진

밖에 내놓은 프리지어 꽃
(2022.03.17.)

다니 오래 두지 못할 것이다.

3월 18일

아버님이 방에서 어머니의 유품들을 빼낸 자리에 본인의 물건들로 채웠다.

3월 19일

친정엄마가 오늘부터 친정집에 와도 된다고 말해서, 어머니 돌아가신 후로 처음 친정집에 갔다. 엄마는 멀리서 나를 보자마자 "인사받으세요."라고 말하면서, 내게 90도로 고개를 숙여 인사했다. 시어머니 장례를 치른 딸에게 최대한 예를 갖추고 싶었던 게다. 그 순간 눈물이 쏟아져서, 화장실에 다녀오겠다고 말하고는 화장실로 뛰어갔다.

3월 20일

이전에는 내가 텃밭에서 일하는 건 극히 드문 일이었다. 오늘은 지난 초겨울에 심은 상추를 솎았다. 갓도 곳곳에서 자라 있었다. 이제부터는 텃밭을 직접 가꾸어야 한다. 어머니는 내가 텃밭에 나와서 본인이 잘 키운 채소들을 들여다보는 걸 매우 좋아했다.

냉동실에 있는 음식과 식재료가 조금씩 줄어들고 있다.

텃밭에서 풀 매시던 어머니(2020.03.22.)

밥할 때 콩(완두콩, 강낭콩, 은행 등)을 넉넉히 넣고, 국거리가 없으면 사골국을 먹고, 썰어 놓은 대파를 국에 넉넉히 넣는다. 모두 어머니의 손을 거친 것들이다.

친정엄마가 젊었을 때 마을에서 겪은 이야기를 해주었는데, 주당살로 죽은 사람의 이야기였다.

> (1960년대, 서천군 화성리 대막골에서) 부잣집 노인네가 있었어. 그 노인네가 돌아가셨거든. 그런게 있는 집이니께 비단옷으로다 전부 꼬매고서. 그 꼬맨 사람이 다 꼬매 놓고. "이놈의 늙은이는 살아서도 호강하더니 죽어서도 호강해서 좋은 옷 입고 가네." 그러고서 꼬맸댜. 아이, 그랬다는디 세상에. 신발 신으러 내려오다가 넘어져가지고, 혓바닥 깨물고 죽었어. 주당 닿아가지고. 절대 길이 닯아서(달라서) 안 된다니까. 뭔 소리 함부로 하는 거 아녀. 무서운 거여. 엄마는 다 겪어봐서 알어.

오늘에야 친정엄마가 어머니 염습 때 침묵하라고 한 이유를 알게 되었다. 그때 어머니에게 "고와요."라고 말해주고 싶었으나, 엄마의 당부가 있어서 참았다.

3월 22일

미용실에 다녀왔다. 내가 미용실에 다녀오면, 가장 먼저 알아본 어머니는 "잘했다. 예쁘다~"라고 했다. 그때는 그 말이 이렇게 그리워질 줄 몰랐다.

친정엄마가 미나리 데친 거, 오이 피클, 마늘종 장아찌를 주었다. 그 자리에서 엄마가 미나리를 초고추장 넣고 무치면서 냉장고에 있는 참기름을 꺼냈다. 어머니는 방앗간에서 참기름이나 들기름을 짤 때마다 한 병은 꼭 친정엄마를 드렸다. 엄마는 "이제 누가 이런 거 챙겨주겠냐." 라고 말했다.

친정엄마가 준 반찬(2022.03.22.)

3월 23일

어머니가 쓰던 집안 살림들은 여전히 제자리에 있는데, 어머니만 보이지 않는다.

어머니 휴대전화에 뜬 부재중 전화 표시를 보았다. 어머니의 고향 친구분이었다. 친구를 잃은 상실감으로 힘들어할 것 같아 전화했다. 친구분은 코로나19에 걸린 후 회복 중인데, 입맛이 없다고 말했다. 어머니가 돌아가시기 전에 김치를 보내주겠다고 했다며, 김치를 보내주길 바랐다. 멀리 떨어져 사는 두 분은 평소에 자주 선물을 주고받았다. 어머니가 각별하게 생각하시는 친구분은 어머니의 음식을 매우 좋아했고, 어머니는 친구분에게 반건 생선이나 김장김치를 보내면서 행복해했다. 그분에게 어머니의 마지막 선물을 보내야겠다.

3월 24일

밤에 긴 꿈을 꾸었다. 꿈속에서 생전의 모습으로 집에 있는 어머니를 보고 울었다. 집 앞에 정차 중인 대형버스 안에는 어딘가로 놀러 가려는 어머니의 친구분들이 타고 있었다. 그분들에게 어머니가 화장 직전에 소생했다고 말했더니, 모두 집안으로 들어와 어머니를 보고 좋아했다. 다시 집 밖으로 나가 울면서 만나는 사람마다 붙들고 어머니가 소생했다고 말해주었다.

3월 25일

아들들에게 김치와 훈제 초란 등을 택배로 보냈다. 생전에 어머니가 택배 포장을 매우 꼼꼼하게 했던 것처럼 나도 꼼꼼하게 포장했다. 택배영업소에 다녀와 주방을 청소하는데, 어머니 생각이 났다. 몇 시간 전, 지인들이 어머니를 추모할 때는 담담했는데, 갑자기 어머니의 빈자리가 느껴졌다.

3월 26일

롤랑 바르트의 『애도일기』(김진영 옮김, 걷는나무, 2018)를 읽었다. 이전에는 이런 책이 있는 줄 몰랐다. 도서관 '종이약국' 〈Q15 가족이나 친구의 죽음으로 괴로울 때〉 책꽂이에서 발견했다.

도서관 종이약국 책꽂이(2022.03.23.)

이 책은 바르트가 함께 살던 마망(어머니)이 돌아가신 다음 날부터 쓴 기록이 담겨 있다. 바르트의 애도와 내 애도가 크게 다르지 않다.

> 69쪽
> "절망, 갈 곳 없는 마음, 무기력: 그래도 여전히 맥박을 멈추지 않는 건 단 하나 글쓰기에 대한 생각. '그 어떤 즐거운 것', 피난처, '축복', 미래의 계획으로서의 글쓰기, 한마디로 말해서 '사랑'으로서, 기쁨으로서의 글쓰기. '신'을 향하는 경건함으로 가득한 어느 여인의 가슴 벅찬 감동들 또한 다른 것이 아니리라."

내가 여기에 기록하는 행위는, 고통과 절망 가운데에서 스스로 피난처를 만들어 갈 곳 없는 마음을 잠시 쉬게 하는 것이다.

70쪽
"한편으로는 별 어려움 없이 사람들과 대화를 하고, 이런저런 일에 관여를 하고, 그런 내 모습을 관찰하면서 전처럼 살아가는 나. 다른 한편으로는 갑자기 아프게 찌르고 들어오는 슬픔. 이 둘 사이의 고통스러운 (이해할 수 없는 수수께끼 같아서 더 고통스러운) 파열 속에 나는 늘 머물고 있다."

나도 갑자기 몰아치는 슬픔에 잠길 때가 있다. 그 순간은 차라리 마음껏 울면 기분이 풀릴 것 같은데, 먹은 게 얹힌 것처럼 슬픔이 마음 어디엔가 정지된 상태로 한참을 머물러 있다 사라진다.

76쪽
…….

76쪽 내용을 내 이야기로 수정해보았다.

거의 꺼져버린 의식의 깊이 속에서, 당신의 아픔은 생각하지 않고, 내게 이렇게 말하던 어머니. "애미야, 너 그러다 쓰러진다. 여기(보호자 침대) 와서 누워서 잠 좀 자라."

그게 어머니의 마지막 말씀이 될 줄 몰랐다.

3월 27일 오후 7시 18분

사진 속 어머니가 아니라 사진 밖에 있는 어머니가 보고 싶다. 영영 다시 볼 수 없다는 게, 이 세상 분이 아니라는 게 믿기지 않는다.

3월 27일 오후 11시 10분

지난해 봄에 친정엄마가 준 쑥을 집에 가지고 왔을 때, 어머니는 매우 좋아했다. 어머니는 TV 앞 방바닥에 앉아서 쑥을 다듬었다. 오늘은 내가 TV를 보는 남편 옆에서 쑥을 다듬고 있다. 쑥잎 하나하나에 집중하니까, TV가 눈에 들어오지 않고, 어머니 생각만 났다. 남편에게 어느 때 어머니 생각이 나냐고 묻고 싶었으나, '어머니'라는 말이 금기어처럼 느껴져서 묻지 않았다.

3월 28일 오전 9시 30분

남편은 출근했고, 아버님은 주간보호센터에 갔다. 어제 친정엄마가 된장국을 끓여 먹으라고 준 원추리를 삶았다.

유튜브에서 원추리 음식을 검색했다. 원추리는 삶아서 반나절 이상 물에 담가둬야 한단다. 삶은 원추리를 차가운 물에 헹구려고 넓은 바가지에 물을 받았다.

바가지의 맑은 물을 보니, 어머니 생각이 났다. 어머니가 채소나 국수를 삶으면서 미리 받아 놓은 찬물인 걸 모르고, 내가 손을 넣었다 '아차'할 경우가 많았다. 그래도 어머니는 한 번도 나무라지 않고, 물을 다시 받았다.

어머니 장례 때 도와준 몇 분을 저녁 식사에 초대했다. 어느 분이 내가 효부라며, 효부상을 받아야 한다고 말했다. 손님들이 간 뒤에, '내가 효부상을 받기 전에, 어머니가 훌륭한 시어머니상을 받아야 한다.'고 말하지 못한 게 아쉬웠다.

3월 29일 오전 8시 40분

아침에 잠에서 깨어나자마자 어머니 생각을 했다. 꿈속에서 집안에 있는 어머니를 보았기 때문이다.

설거지하는 중에 어머니와 친정엄마가 함께 떠올랐다. 어머니와 엄마는 서로의 건강을 걱정하고, 음식을 나누고, 함께 목욕을 다니고, 함께 식사하고, 함께 카페를 다녔다. 두 분을 모시고 다니는 게 행복했는데, 코로나19는 그 행복을 완전히 빼앗아 갔다.

인터넷에서 『어머니의 딸이어서 행복했습니다』(정은정, 생각나눔, 2019) 책을 발견했다. 제목을 보는 순간에, '어머니의 며느리여서 행복했습니다'라는 말이 떠올랐다.

3월 29일 오전 10시 30분

출판사에서 전화가 왔다. 직원은 내 박사학위 논문의 책 출간 작업을 시작한 지 4년이 되었다며, 올해 상반기까지 교정을 봐주었으면 했다. 책을 낼 수 있다면, "두 어머니께 바친다"라는 말을 꼭 넣고 싶다.

현관 앞에 택배 상자가 여러 개 쌓여있어서 들고 들어왔다. 아버님의 화장품과 옷이다. 이제 아버님에게 필요한 것은 내가 챙겨야 한다.

3월 29일 오후 3시 45분

어머니와 친정엄마(2014.05.31.)

친정엄마가 어머니에게 보낸 음식(2022.01.18. 무밥과 박대묵)

어머니가 친정엄마에게 보낸 음식(2020.07.04.)

날이 제법 따뜻하다. 텃밭 풀을 손으로 뜯어 닭들에게 주고 들어오다 화단에 있는 천리향 나무를 보았다. 꽃이 피었다. 어머니가 있었다면, 분명 나를 불러서 보라고 했을 텐데.

언젠가 어머니 전시 사진 중에 화단 사진을 보면서, '훗날 화단에서 어머니 생각을 하게 될까.'하고 생각한 적이 있다. 천리향꽃과 새순이 올라온 장미 가지를 보지 못하고 떠난 어머니가 보고 싶다. 그리고 주인을 잃은 화초들이 애처롭다.

3월 29일 오후 5시 18분

사촌언니의 전화를 받았다. 언니의 위로 말에 슬픔이 밀려와 울먹였다. 언니는 "힘내. 나도 사는데 뭐."라고 말했다. 그 말을 듣는 순간 눈물을 참았다. 언니는 몇 해 전에 형부를 떠나보냈다. 사별 중에 배우자와의 사별이 가장 고통스럽다고 하는데, 언니 앞에서 슬퍼하는 게 조금 미안하다는 생각이 들었다.

어머니의 천리향 나무(2022.04.12.)

화단을 가꾸는 어머니(2020.04.05.)

3월 30일 오후 3시 20분

날씨가 많이 흐리다. 비가 올 거란다. 외출했다 들어오면서 마트에 들렀다. 계산대에서 결제한 뒤, 직원에게 "어머니가 돌아가셔서 혼자 왔어요."라고 말했다. 직원은 내게 "많이 섭섭하시겠어요."라고 위로했다. 곧 혼자 장보기가 익숙해지겠지.

3월 31일 오전 10시 36분

텃밭을 둘러보고 들어왔다. 사과나무 세 그루, 대추나무 두 그루, 아로니아 네 그루, 쪽파, 시금치, 상추, 갓 등이 있다. 쑥과 민들레도 발견했다. 그리고 아주 예쁜 광대나물꽃, 별꽃 등도 보였다. 모두 사랑스러웠다. 요즘 텃밭에 있으면 마음이 편안하다. 어머니가 남긴 선물이다.

3월 31일 오후 8시 35분

우편물을 정리하다 지난달 어머니의 카드 청구서를 보았다. '결제일: 2월 25일'이라는 날짜가 보였다. 그날 어머니는 의식을 잃었다.

4월 2일 오전 12시 30분

드라마 "서른, 아홉" 최종회를 보았다. 세 명의 여주인공이 등장했다. 그중에 한 명이 시한부였는데, 나머지 두 사람이 곧 세상을 떠날 친구를 위해 이벤트를 준비했다. 친구에게서 받은 부고 명단대로 친구 모르게 사람들을 한 자리에 불러 모았다. 그 장면을 보며 눈물을 흘렸다. 손예진이 친구의 부음을 들을까봐서 불안한 시간을 보내고, 새벽 두 시에 친구의 부음을 듣고 옷장에서 옷을 고르다가 주저앉아 오열하는 모습을 보니, 내 마음도 무너졌다.

4월 2일 오후 11시 42분

전주 김 관장님이 다녀가셨다. 연구소에서 보이차를 마시며 꽤 긴 시간 동안 이야기를 나누었다. 관장님은 어머니가 마지막에 참 행복했을 거라고 말했다. 누군가 세상을 떠날 때 한 사람이라도 옆에서 지켜준다면 편안히 갈 수 있을 거라고. 내가 어머니 곁을 지킬 수 있었던 것이 우리 모두에게 감사한 일이었음을 다시 느꼈다.

4월 6일 오후 10시 18분

남편과 2박3일로 구례 여행을 다녀왔다. 모임에서 일정을 잡아 놓은 거라 취소할 수 없었다.

이전에 여행지에서 기념으로 무언가 산다면, 그것은 대부분 어머니가 좋아할 만한 거였다. 우리는 화개장에서 청국장, 녹두, 도토리묵 가루를 샀다. 우리 부부는 어머니가 있다면 분명히 좋아할 것들이라고 말했다.

어제 낮에 쌍계사에 가서는 부처님 앞에서 여러 번 절하고 기도했다. 남편도 기도했다. 남편에게 무엇을 기도했냐고 물었더니, 비밀이라고 했다.

저녁에 청국장을 끓여 먹었다. 맛이 괜찮았다. 주방에 있으면, 어머니 생각이 난다. 그 시간이 싫지 않다.

4월 8일 오전 1시 20분

어제 친정엄마가 준 음식과 식재료를 차에 가득 싣고 왔다. 깍두기, 파김치, 두릅, 머위, 미나리, 주꾸미 7마리, 반건조 조기 30마리 등. 이전에는 친정에서 무언가 가져와서 어머니에게 보여드릴 때, 뿌듯했었다. 더러는 마을 현장조사 나갔다 마을 사람들이 준 농산물을 가져와도 뿌듯했었다. 그때마다 어머니는 내가 나가기만 하면 뭐라도 들고 온다며 웃었다.

조기를 냉동실에 넣으면서 시래기를 발견했다. 어머니가 삶아서 여러 개로 나누어 놓은 것이다. 냉장고에는 어머니가 마련해 놓은 식재료들이 아직도 가득하다.

4월 9일 오전 10시 42분

텃밭에서 대파, 쪽파, 상추 등을 수확했다. 그리고 풀을 맸다. 텃밭이 내 밭이 돼가고 있다. 수확한 것을 주방 싱크대에서 씻는 동안 어머니 생각이 났다.

잠시 후에 친정엄마를 모시고 홍원항에 가서 점심을 먹고 와야 한다. 친정엄마만 모시고 가려니 허전하다.

텃밭에 나가기 위해 장갑 서랍을 열 때마다 여성 망사 장갑이 눈에 띈다. 어머니가 마지막에 끼고 싶어 했던 장갑이다. 흰 망사장갑을 볼 때마다 어머니의 하얀 맨손이 생각난다.

롤랑 바르트의 『애도일기』를 읽고 나서, 『롤랑 바르트, 마지막 강의』(변광배 옮김, 민음사, 2015)를 읽고 있다. 바르트의 글쓰기 강의는 '애도'에 의미를 부여하고 있다. 이 책의 45쪽에 마음에 와닿는 내용이 있다. 사랑하는 사람에 대해서 쓰는 것은 그 사람을 불멸화하는 거라고.

45쪽

어떤 관점에서 보면 소설은 사랑의 행위처럼 환상화됩니다. (…) 아가페-사랑은 사랑하는 타인들에 대해 말합니다(소설). 실제로, '사랑하는 사람들에 대해 말하기.' 사랑하는 사람들에 대해 글을 쓰는 것은 우리가 알았고, 사랑했던 사람들을 정당하게 평가해주는 것, 다시 말해 그들을 증언해주는 것!(종교적인 의미에서)이자 그들을 불멸화하는 것입니다. "사랑하는 사람들을 그려라."

46쪽

모든 곳에서 그는 기도를 해야 한다. 모든 곳에서 그는 사랑을 해야 한다. 그리고 이것이 모든 소설의 바탕이다. 그는 자신이 간청한 존재들을 그리기 위해 소설을 썼고, 자신이 사랑한 사람들을 축성하기 위해 소설을 썼다. 프루스트에게 있어 어머니와 할머니가 그랬고(『잃어버린 시간을 찾아서』에서의 유일한 사랑의 대상들) 톨스토이에게 있어 어머니(마리)와 할아버지가 그랬습니다. (물론 그들을 작품 중심에 위치시키라는 의미가 아닙니다. 자성(磁性)을 띠는 것은 사랑의 장소들입니다. 소설은 매개의 구조를 가지고 있습니다.)

나의 기록도 어머니를 기억하는 방식이다. 어머니에 대해 말하고 싶고 쓰고 싶다. 어머니가 딸, 친구, 아내, 어머니, 할머니, 시어머니, 이웃, 사돈 등으로서 훌륭하게 살다

떠났음을 증언하고 싶다.

4월 9일 오후 10시 20분

남편이 소고기 장조림을 만들었다. 남편이 라면 끓이는 거 말고, 요리한 건 처음이다. 스스로 관련 유튜브 영상을 여러 개 반복해 보면서 만들었다. 비주얼과 맛이 모두 고급스러웠다.

4월 11일 오후 1시 05분

베란다에 있는 어머니의 화초들을 화단에 옮겨 놓고 분갈이했다. 분갈이를 서툴게 해서 화초들이 잘 살아줄지 걱정스럽다.

어머니의 튤립 꽃(2022.04.12.)

4월 12일 오전 10시 57분

화단과 텃밭에 다녀왔다. 오늘은 노랑 튤립 꽃이 보였다. 봄이 되니 어머니의 식물들이 경쟁하듯 꽃을 피우고

어머니의 머위(2022.03.31.)

텃밭의 광대나물꽃(2022.03.31.)

있다. 어머니가 4월에 가고 싶은 이유가 여기에 있었나 싶다.

텃밭을 둘러보았다. 머위와 시금치가 눈에 띄었다. 집안에 들어와 칼과 바구니를 챙긴 다음 다시 나갔다. 풀이 자라는 속도만큼 머위, 시금치, 상추도 잘 자라고 있다. 머위는 어머니가 2020년 3월 30일에 친구분과 함께 인근 빈집 마당에서 캐온 것이다. 그 집은 어머니와 친분이 두터웠던 지인이 살았던 집이다. 빈집 마당에서 머위를 캐면서 친구분과 이야기를 나누던 어머니의 모습이 떠올랐다.

텃밭의 보랏빛 광대나물꽃이 무척 예뻐 보였다. 어머니는 광대나물꽃을 "코딱지나물"이라고 불렀다. 나는 광대나물꽃이 좋은데, 남편은 귀찮은 잡초로 여긴다. 남편은 내 텃밭에 있는 광대나물은 간섭하지 않겠다고 말했다.

4월 13일 오전 11시 35분

주방에는 쌀통이 두 개 있다. 하나는 찹쌀통, 다른 하나는 멥쌀통이다. 어머니가 마지막으로 채운 찹쌀통이 바닥을 보였다. 베란다에 있는 쌀 포대 중에 "찹쌀"이라고 쓰인 포대가 보여 반가웠다. 어머니는 결혼하고 나서 쌀이 없어 굶어야 했던 시절이 있었다며, 집안에 쌀이 많이 있

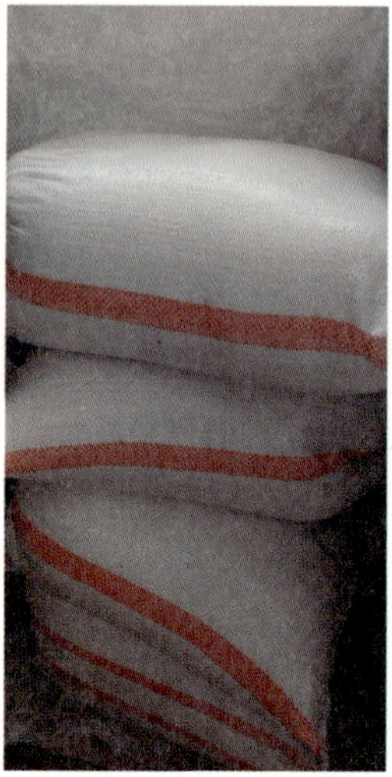

어머니의 쌀포대(2022.04.13.)

으면 행복하다고 말하곤 했다.

어머니가 돌아가시기 전에 대형 곰솥을 친한 친구분에게 빌려주었다. 차마 친구분에게 돌려달라고는 못하겠다. 어머니가 친구분에게 준 선물로 생각하기로 했다.

4월 15일 오후 12시 47분

어머니 49재를 어떻게 해야 하나. 날짜를 계산해보니

곡우인 4월 20일이다. 49재에 망사장갑 하나는 태워 드려도 되겠다고 생각한다. 분명히 옷 한 벌이 아니더라도 어머니는 무척 좋아할 거다.

4월 16일 오후 9시 54분

〈길자의 시계꽃〉 전시 기념 이벤트 당첨자들에게 선물을 전달했다. 당첨자 30명 중 열댓 명이 항만박대, 모시송편, 소곡주를 선택했다.

한 당첨자에게 분꽃차를 선물로 받았다. 그녀는 우리 어머니와 고향이 같다고 했고, 자신은 35년간 시어머니에게 구박만 받아왔다고 했다. 시어머니는 맏며느리가 꾸미지 않고 수수한 것을 미워했고, 시아버지에게 잘해드린 것도 싫어했단다. 그녀는 지난해에 시아버지가 코로나19 예방주사 접종 후 돌아가셨을 때, 임종을 지켜보았는데, 평소에 말이 없던 시아버지가 30분 넘게 자신에게 "고맙다, 수고했다!"고 말한 뒤 눈을 감았단다. 그때 그동안 쌓인 서운함이 조금 풀렸다고 했다. 요즘 시어머니의 식사를 챙겨드리는데, 이제야 시어머니에게 하고 싶은 말을 하며 산다고 했다. 그녀가 존경스러웠다.

4월 17일

저녁 무렵에 남편과 함께 연구소에 나갔는데, 50대 남성이 전시를 관람하고 있었다. 그는 감상 후기를 쓴 포스트잇을 벽에 붙이고 나서, "이분(길자)은 참 아름답게 산 분인 것 같아요."라고 말하고 떠났다.

4월 18일 오전 10시 15분

새벽에 꿈을 꾸었는데, 길에서 걸어가는 많은 사람 사이에 서 있는 어머니를 보았다. 생전에 외출할 때 예쁘게 차려입은 모습이었다. 환하게 웃는 어머니를 향해 오른손을 들어 흔들었다.

4월 20일 오후 4시 20분

오늘은 곡우이지만 화창하다. 마침 남편의 회사가 쉬는 날이다. 오전에 시동생 부부와 함께 어머니 묘소에 갔다. 선산 입구에 흰 조팝나무꽃이 만발했다.

나는 망사장갑을 준비했고, 동서는 프리지어 꽃다발을 준비했다. 우리는 망사장갑을 병에 넣고 조심스럽게 태웠

선산 입구에 핀 조팝나무꽃(2022.04.20.)

어머니 묘소에서 망사장갑을 태웠다.
(2022.04.20.)

다. 어머니가 "애들아, 사랑한다! 이제는 내 생각 너무 하지 말고 건강하게 잘 지내라."하고 말하는 듯했다. 우리는 어머니와 자주 갔던 식당에 가서 밥을 먹고 헤어졌다.

남편이 은행과 행정복지센터를 바쁘게 오갔다. 어머니 이름으로 개설된 통장과 보험을 정리하는 절차를 밟는 데 준비할 서류가 많아 상당한 시간이 소요되었단다.

4월 21일 오후 6시 38분

옛날통닭을 세 마리 사서, 어머니가 좋아할 만한 일을 했다. 이전에 어머니가 친구분들과 함께 돈을 모아서 옛날통닭을 사다 먹었다는 말을 여러 번 했다. 먼저 두 마리를 여러 친구분이 모여있는 집에 들러서 드리고 왔다. 친구분들은 하루도 빠지지 않고 어머니 얘기를 한다고 말했다. 또 한 마리는 어머니가 노인일자리 나눔돌봄을 하면서 보살폈던 분에게 드렸다. 그분은 어머니가 잘해주었다며 눈물을 흘렸다.

4월 24일 오후 8시 37분

어머니 장례식 때, 사촌형님이 "시어머니 돌아가시고 나서, 처음보다 6개월 지났을 때 더 많이 생각나더라."라고 말했다. 그래서 어머니 애도일기를 6개월 이상은 쓸 생각이다.

오후 5시에 장항도시탐험역에서 '우리동네음악회'가 열렸다. 클라리넷 연주가 무척 듣기 좋았다. 앙코르곡이 〈You Raise Me Up〉이었다. 어머니가 좋아했던 곡이다. 이전에 똑같은 자리에서 어머니와 장보기로 한 약속 때문에 급히 자리를 떴던 기억이 떠올랐다. 눈을 감고 들었다.

어머니 친구분들이 모임방에 다녀가라고 해서, 남편이 다녀왔다. 친구분들이 어머니 49재를 위해 모은 10만 원을 주었단다. 아마도 그분들이 친구 49재를 위해서 돈을 모아 자녀들에게 전달한 게 이번이 처음일지도 모른다.

4월 27일 오후 7시 07분

지인이 카톡으로 활짝 핀 황매화 사진 한 장을 보내주면서, "어머님이 주신 황매화를 정원에 심었는데, 살리지 못해 아쉬워요."라고 문자도 보내왔다. 어디에서 황매화를 보고 어머니 생각을 했던가 보다. 화단의 황매화가 요즘 한창 예쁘다. 3년 전쯤 어머니는 친구분 댁 마당에서 가져온 황매화를 심어 놓고 무척 좋아했다.

어머니의 황매화(2022.04.27.)

4월 30일 오전 11시 35분

주방 옆 베란다에는 어머니가 만들어 놓은 많은 양의 매실효소, 다양한 장아찌가 있다. 나도 어머니처럼 음식으로 당장 아닌 몇 계절 뒤, 몇 년을 준비하는 마음을 갖게 될까. 자신이 없다.

냉동실이 점점 비워지고 있다. 남편은 정리를 잘한다고 칭찬하지만, 식재료가 줄어들면서 저절로 정리되고 있는 것이다. 더러 어머니 때와 달리, 냉동실에 여유 공간이 많아지는 게 허전하다.

5월 1일 오후 10시 50분

샤워하는 중에 어머니와 함께 목욕탕 다니던 기억이 떠올랐다. 울음소리가 물소리에 묻혔다. 나와 함께 목욕탕 가는 것을 좋아한 어머니는 기운이 없어도 내 등을 꼼꼼하게 밀어주었고, 내가 머리카락을 말릴 수 있도록 드라이어에 넣을 백 원짜리 동전을 가지고 다녔다. 어머니는 기초 화장품 샘플도 넉넉하게 챙겨와서 내게 주었다. 정말로 나는 어머니의 사랑을 많이 받았구나.

5월 3일 오전 1시 50분

대여섯 시간 전에 지인들과 초등학교 운동장을 걸으면서, 이런저런 이야기를 나누었다. 한 사람이 열무김치와 열무 물김치를 뚝딱 맛있게 담갔다는 말을 듣고는, 부럽기도 했고 어머니 생각도 났다. 어머니도 물김치를 좋아해서 자주 담갔고, 가끔 밥맛이 없다며 물김치에 밥을 말아 먹었다.

어머니의 물김치
(2018.05.31.)

어머니의 열무김치
(2018.10.04.)

5월 6일

아들들이 왔다. 큰아들이 카네이션꽃 모양의 인형을 선물로 사 왔다. 인형에 달린 종이 카드에 적힌 문구에 '할머니'가 포함돼 있었다. 아들은 할머니의 부재를 유예했다.

엄마, 아빠, 할머니, 할아버지 모두 사랑합니다. 항상
건강하시고 행복하세요. 1년 365일 우리들이 응원합니다♡

카네이션 인형 선물(2022.07.30.)

아들들과 어머니 묘소에 다녀왔다. 비석을 보는데, 어머니가 생전에 손자들 볼 때 보였던 환한 미소가 떠올랐다.

큰아들 보험의 계약자 명의를 변경하느라 오후 시간을 다 보냈다. 계약자를 어머니에서 아들로 변경하려니까 절차가 복잡했다. 구비 서류를 준비해서 갔고, 아들까지 갔으니 바로 처리될 줄 알았다. 그런데 3시간 30분이나 걸렸다. 아버님, 시동생의 인감도장과 위임장을 가져갔음에도 두 기관에서 전화가 가면 시간 안에 통화가 돼야 하는 일까지 보태졌다. 그 외에도 여러 보완 절차가 따랐다. 참다못한 남편이 차라리 해지하자고 했다. 그러나 어머니가 가입해준 보험이니, 아들에게 물려주고 싶었다. 어머니가 생존해 계실 때 간단히 처리하고 싶었던 일을 매우 힘겹게 처리했다.

5월 7일

어머니는 손자들이 오면, 주방에 머무는 시간이 길었다. 이번에는 내가 그랬다. 아귀찜과 어묵볶음을 만들고, 냉장고 속 작은 항아리에 담겨 있는 어머니표 백김치를 꺼내서 밥상을 차렸다.

5월 9일 오후 7시 43분

집에서 저녁 식사로 말갛게 끓인 아귀탕을 먹었다. 내가 미리 만들어 놓은 멸치 육수에 어머니가 냉장고에 저장해 둔 생선을 꺼내서 끓였다. 남편은 110퍼센트 맛있고, 전문 식당에서 먹는 것보다 훨씬 맛있다고 했다. 내가 먹어도 시원하고 맛있었다. 어머니 계실 때는 아귀탕을 맛있게 끓일 자신이 없었다. 다음에 똑같이 끓이지 못할 것 같아 여기에 레시피를 적어 놓는다.

어머니가 손질해 놓은 멸치(2022.04.23.)

육수는 무와 어머니가 손질해 놓은 육수용 멸치, 다시마를 넣고 끓여 놓은 걸 사용했다. 냉동실에서는 아귀 두 조각이 든 봉투와 작은 생새우가 들어 있는 봉투를 찾았다. 육수에 무를 넣고 끓이다가 아귀와 생새우를 넣고, 미나리와 어머니가 저장해 놓은 다진 마늘을 넣었다. 소금, 미원 조금, 후추를 넣었다.

냉동실에서 생선을 찾다 어머니의 시래기를 보았다. '저 시래기를 다 먹으면 내가 똑같이 장만할 수 있을까. 빨리 먹어야 하나, 아껴 먹어야 하나.'

가스 검침원이 다녀갔다. 50대 여성 검침원인데, 몇 해 넘게 다니는 분이다. 잠시 그녀에게 어머니가 돌아가셨다고 말할까 말까를 고민하다 그녀가 놀랄 것 같아 말하지 않았다.

5월 13일 오후 7시 07분

예절전문가인 지인과 전화 통화 중에 수시옷에 관하여 이야기했다. 그녀는 2년 전에 친정아버지가 집에서 임종했을 때, 미리 준비해 놓은 모시 수시옷을 입혀드렸단다. 수시옷은 저승 갈 때 입는 옷이고, 수시옷 다음으로 수의를 입혀드렸다고 했다. 그녀는 관을 매장할 때는 꽁꽁 싸매는 수의를 입혀야 할 이유가 있지만, 관을 화장하면 깔끔한 수시옷으로 입관해도 좋을 듯하다고 말했다. 그리 보면, '어머니에게 수시옷을 입혀드리고 화장한 것도 괜찮았구나!' 하는 생각에 위안이 되었다.

우연히 '상사화'라는 노래를 들었다. "다시 돌아올 수 없는 그 험한 길 위에 어찌하다 오르셨소"라는 부분이 누군가의 죽음을 말하는 것 같았다. 이 노래는 언제 들어도 슬

폈으나, 그 대상은 희미했다. 그러나 오늘따라 한 사람이 떠올랐다.

5월 15일 오후 8시 35분

즉흥적으로 로제 스파게티 소스를 넣어서 가지를 볶았다. 남편과 아버님이 맛있다고 했다. "맛있네! 우리 며느리, 내가 없으면 잘 못해 먹을까봐 걱정했는데, 잘하네."라고 말하는 어머니의 목소리가 들리는 것 같았다.

5월 20일 오후 3시 32분

베란다 찬장 안에 넣어 놓았던 레시피 수첩에서, 2010년에 적어 놓은 '어머니의 물김치 담그는 법'을 찾아서 반가웠다.

2010. 9. 19.
물김치 담그기
배추·무는 소금과 뉴슈가 조금 뿌려 놓고, 5분 정도 지난 후에 국물 넣고(양념도 함께) 간 맞춘다.
국물: 감자 갈아서 밀가루 조금 넣고, 풀을 쑨다. 식히고 배추·무에 붓는다. 물(생수, 끓인 물)을 넣어 간을 맞춘다.

5월 21일 오후 11시 02분

지인이 피조개를 주었다. 내 주먹만 한 피조개가 20여 개나 되었다. 남편이 늦게 귀가할 예정이어서, 혼자 해결해야 했다. 피조개를 어떻게 손질해야 할지 막막해서, 유튜브 영상을 몇 개 보았다. 껍데기를 솔로 닦고 나서, 소금물에 담가 놓고, 그 위를 신문지로 덮었다.

지인들 단톡방에 해감하지 않고 바로 삶아서 먹었다는 이야기가 올라왔다. 삶은 피조개를 누구는 초장에 찍어 먹고, 누구는 초무침을 해서 먹었다고 했다. 해감을 멈추고, 지인들이 알려준 대로 힘껏 껍질을 벌려서 속살을 분리했다. 내장을 다 제거했다. 끓는 물에 와인과 식초를 부었다. 이 물에 피조개를 2~3분 데쳤더니, 식감이 쫄깃쫄깃하니 맛있었다.

초무침을 할 작정으로 조갯살을 잘게 썰었다. 목에 플래시를 차고 텃밭에 나가 양파 하나를 캐왔다. 양파, 쪽파, 오이, 당근, 양배추를 썰었다. 어머니가 초무침을 할 때마다, 본인이 세상 뜬 후를 걱정하며, 내게 당부한 게 있다. 초무침을 할 때는 가능한 물이 생기지 않도록 하라는 거였다. 오이는 겉 부분만 사용하고, 오이와 당근 같은 야채는 소금에 살짝 절였다 물기 없도록 꼭 짜야 한다고 했다. 양념을 어머니의 방식대로 초고추장, 고춧가루, 참기름, 깨소금, 매실효소, 소금, 식초, 물엿 등을 넣어서 만들었다.

네 시간 넘게 주방에서 일했다. 어머니가 오랜 시간 주방에 계시면, '왜 고생을 사서 하시지. 저렇게 하시고 또 편찮으실 텐데. 나중에 어머니처럼 하지 않을 거야.'라고 생각한 적이 많았다. 그런데 나도 지인이 생각하고 준 신선한 피조개를 오랜 시간 붙들고 있었다.

5월 22일 오전 11시 27분

아침 밥상에서 아버님과 남편이 먼저 일어났다. 혼자 남은 밥을 먹으면서, 마음속으로 "어머니, 나 혼자 먹네!"라고 말했다. 이전에 바쁘지 않을 때면, 밥을 다 먹고 나서도 어머니가 일어날 때까지 기다렸다. 어머니는 드시면서 여러 이야기를 들려주었다. 친구분들 이야기, 어릴 적 이야기, 결혼 후 힘들었던 이야기 등등. 어머니가 일어나면 그때 나도 일어났고, 서로 설거지하겠다고 밀고 당기고 하는 게 다반사였다. 한 사람이 설거지하면, 한 사람은 식탁을 정리했다. 이제 혼자서 먹고, 치우고, 설거지한다.

5월 27일 오전 9시 20분

지난 3월이 '코로나가 부른 잔인한 달'이란다.* 사망자가 1983년 사망자 통계 작성 이래 월간 기준으로 가장 많은 4만 4,487명으로 집계되었으며, 지난해 같은 달과 비교해 1만 7,937명이 늘어난 것이라고 한다. 그 3월로부터 불과 3개월도 안 지났는데, 왜 내게는 아주 까마득하게 오래전으로 느껴지는지 모르겠다. 반면, 어머니의 환한 얼굴이 떠오르는 순간에는 불과 어제의 일인 듯하고, 지금 현실이 받아들여지지 않는다.

오늘은 지방선거 사전투표일이다. 아버님이 주간보호센터에서 단체로 투표하러 간다고 해서, 본투표일에 우리와 함께하는 게 좋겠다고 말했다. 어머니는 가족들과 함께 투표장에 가는 것을 무척 좋아했고, 나도 그 시간이 소풍 같았다.

* 이호준 기자, 〈코로나가 부른 '잔인한 3월'… 사망자 최다〉, 경향신문, 2022년 5월 26일자.

5월 30일 오후 7시 32분

책 『아주 보통의 행복』(최인철, 21세기북스, 2022)을 읽으면서, 어머니의 죽음을 떠올렸다.

> 209쪽
> 먼저 떠난 모든 이들은 장례식이라는 절차를 통해 우리로 하여금 죽음을 생각하게 한다.
> 남은 자들에게 최고의 선물을 안겨준 셈이다.

> 236쪽
> 그러니 이렇게 해보면 어떨까? 마지막 순간이 추억을 왜곡하지 못하도록 순간순간의 경험들을 온전히 음미하고 기록으로 남기는 것이다. 엔딩의 폭력으로부터 우리의 보석 같은 순간들을 지켜내야 한다.

어머니의 죽음을 통하여 웰다잉을 더 생각하게 되었다. 병원에 있는 동안에는 돌발적 엔딩의 폭력에 무력해지고 싶지 않았다. 그래서 순간순간의 경험들을 기록했다. 그 기억이 왜곡되지 않도록 말이다. 어머니 죽음 이후의 시간을 기록하는 것도 어머니의 웰다잉을 지켜내는 방식일 듯하다.

6월 1일 오후 10시 48분

텃밭에서 양파를 캤다. 지난해에 어머니가 심은 양파이다. 100개가 넘는다.

밤에 친정엄마를 모시고 꼴갑(꼴뚜기와 갑오징어)축제장에 다녀왔다. 엄마를 친정집에 모셔다드리고 돌아오는 내내 어머니가 생각났다. 해마다 어머니와 아버님을 모시고 축제장에 갔는데, 그때마다 두 분이 매우 즐거워했다. 코로나19 때문에 그 추억도 2019년 축제가 마지막이 되었다.

6월 3일 오후 9시 07분

지인들과 대화하면서, 요즘에 자주 어머니의 웃는 얼굴이 떠오른다고 말했다. 현실이 꿈이고, 꿈에서 깨면 소생한 어머니를 뵐 수 있을 것 같다고 했다. 그녀들도 몇 년 전에 친정아버지, 남편과 사별했을 때, 그랬단다. 그녀들에게 이해받는 것으로 위로가 되었고, 그녀들의 아픔이 전달되어 마음이 아팠다.

6월 4일 오후 12시 50분

도서관 지혜학교 치유프로그램에 참여했다. 강사가 『인생수업』(엘리자베스 퀴블러 로스, 데이비드 케슬러 지음, 류시화 역, 이레 발행, 2014)에서 "(…) 마지막에 혼자가 아니었다는 것만은 기억하세요. (…)"라는 부분을 읽어주었다. 자동차 사고로 죽어가는 아이를 안아준 소방관이 오열하는 아이의 엄마에게 한 말이다. 엄마는 그 말을 듣고 평안해졌다는 것이다. 가족이 고통을 받으며 눈을 감는 순간에 함께 한 사람이 있었다는 사실이 남은 가족들에게 위로가 되었다는 이야기가 공감되었다. 어머니의 마지막도 혼자가 아니었다는 것이 감사하다.

6월 7일 오전 10시 54분

어젯밤 늦게 남편은 소고기뭇국을 끓였다. 낮에 어머니 친구분이 남편을 불러서 국거리 소고기 반 근을 주면서 소고기뭇국을 끓여 먹으라고 했단다. 친구분이 어머니가 그리우셨나 보다. 남편은 유튜브 영상을 보면서, 처음으로 소고기뭇국을 끓였다.

남편이 처음 끓인 소고기뭇국(2022.06.07.)

6월 10일 오전 8시 06분

텃밭에서 까치 여러 마리가 날아다니며 운다. 15분 전에 닭 한 마리가 들고양이에게 습격당했다. 남편이 죽은 닭을 처리하는 동안, 남은 두 마리 닭이 오랫동안 울었다. 그렇게 우는 것은 처음이다. 그 소리가 너무나 서글프게 들렸다.

남편이 한탄했다. "몇 초 차이로 그렇게 됐네." 1삐(청계), 2삐(청계), 3삐(토종닭)는 닭장에서 나와 텃밭에서 놀고 있었단다. 내가 텃밭에 있는 남편을 부르는 순간에 고양이가 2삐를 습격했기에, 몇 초만 더 일찍 남편을 불렀더라면 그 일이 일어나지 않았을 것이다. 2삐를 잃은 1삐와 3삐가 불쌍하다.

6월 10일 오후 11시 10분

〈길자의 시계꽃〉 전시 관람 손님이 방명록에 글을 남겼다. 그녀는 어머니를 '70여 년 전의 한 소녀'라고 표현했다. 어머니의 10대 모습을 떠올렸나 보다.

한적한 저녁나절
가벼운 옷차림으로
이끌리듯 들어온 예소에
70여 년 전의 한 소녀가
걸어온 길을 같이 숨 쉬고 갑니다.
기록의 위대함이 보여지네요.

2022.06.10.
아○○○

어머니는 돌아가시기 두어 주 전에 자신이 10대에 경험한 무채 썰기 대회 이야기를 들려주었다. 마을에서 개최한 대회였는데, 친구와 함께 나가서 1등을 했다고 했다. 평소에는 어머니의 말씀을 녹음하며 들었는데, 그때는 녹음할 기회가 다시 올 줄 알고 하지 않았다.

6월 11일 오후 3시 23분

도서관 지혜학교 치유프로그램에서 일본 영화 〈굿바이〉(타키타 요지로 감독, 2008년 개봉)를 관람했다. 내용은 첼리스트가 납관사의 삶을 선택하게 되는 과정을 담고 있다. 주인공은 세계적으로 활동하는 첼리스트의 꿈을 접고 우연히 납관 전문회사에 취업하게 된다. 영화는 여러 시신의 염습 및 납관 절차를 자세하고 아름답게 보여준다. 고인의 가족들이 지켜보는 가운데 진행되는 염습은 매우 엄숙하고 아름다웠다. 납관사들은 시신을 존엄하게 다루고, 가족들에게 고인의 마지막 모습이 아름답게 기억되도록 노력한다. 주인공은 아버지를 원망하고 살았는데, 아버지의 시신을 염습하는 과정에서 아버지를 용서하게 된다. 어머니 시신을 염습하던 때가 떠올랐다. 나도 어머니의 마지막 모습을 아름답게 해드리고 싶었고, 또 그 모습이 영원히 기억되길 바랐다.

점심 식사 때, 남편에게 도서관에서 있었던 일을 말해주었다. 영화 줄거리를 간략히 들려주기만 했는데, 남편의 손이 자꾸만 눈가로 갔다. 처음에는 남편이 땀을 닦는 줄 알았다. 그런데 남편의 눈꺼풀이 빨개서 "울어요?"라고 물었다. 남편이 큰소리로 웃으면서, 더 많은 눈물을 닦아 냈다. 그 모습에 살짝 당황했으나, 따라서 나도 크게 웃었다. 우리는 밥숟가락을 들은 채로 서로의 얼굴을 보며 웃고 울었다.

6월 12일 오전 9시 45분

어젯밤 지인들과 식사할 때, 점심 밥상에서 남편이 눈물을 흘린 이유를 알았다. 남편이 어머니 임종을 곁에서 지키지 못한 게 마음 아프다고 했다. 코로나19로 사별한 가족들의 심정을 충분히 공감한다고 생각했는데, 정작 남편의 아픔을 온전히 이해하지 못하고 있었다. 어머니 곁에 나라도 있었다는 것만 감사해할 게 아니었다. 남편을 더 위로해주어야겠다.

6월 13일 오후 1시 25분

어제 낮에 텃밭에서 딴 매실 5킬로그램을 효소로 담갔다. 새 효소를 담그기 전에, 두어 시간 가까이 어머니의 매실효소를 정리해서 냉장고에 넣었다. 어머니라면 친구분

어머니 친구분들에게 드릴
매실효소(2022.06.13.)

들에게 나누셨을 것을 알기에 그분들에게 드릴 효소를 따로 담아 놓았다.

이모님들, 올여름 많이 덥다고 하네요. 어머님께서 담근 매실 효소 음료수 드시면서 시원하게 보내세요. 2022.06.13.

6월 23일 오전 8시 56분

며칠 전, 닭장에 남은 닭 두 마리마저 들개에게 당했다. 아침에 닭장 앞에 갔는데, 너무 조용했다. 느낌이 좋지 않았다. 바닥에 닭 깃털이 흩어져 있는 게 보였고, 그다음으로 머리가 없는 닭의 몸통이 보였다. 1년 넘게 함께 지낸 닭들에게 미안했다. 요즘 닭장 앞을 지날 때마다 마음이 무겁다.

며칠 전에 냉장고에서 오이지통을 꺼냈다. 꽁꽁 묶인 비닐봉지 매듭을 천천히 풀 때, 어머니의 손길이 느껴졌다. 어머니는 그렇게 꼼꼼하셨고, 가족들이 먹을 음식에 정성을 기울였다.

어머니의 오이지통(2022.06.19.)

6월 23일 오후 7시 35분

지인이 연구소 앞을 지나가다 내가 있길 바라고 들어왔단다. 그녀는 나를 보자마자 "마음의 빚을 해결하러 왔어."라고 말했다. 그러더니 어머니 장례 부의금이라며, 5만 원권 두 장을 내 손에 쥐여주었다. 갑작스럽게 와서 봉투는 준비하지 못했다며, 이해해달라고 했다. 그동안 나를 볼 때마다 마음이 편하지 않았다며, 이제 빚을 청산해서 마음이 가볍다는 말을 남기고 떠났다.

6월 29일 오후 2시 22분

주말에 아들들이 왔다 갔다. 누군가가 우리 가족을 보고는 '남성 네 명에, 여성 한 명이다'라고 말했다. 어머니 생전에는 남성과 여성 비율이 4:2였는데, 이제 4:1이 되었다. 예전에, '어머니가 돌아가시면 가정에서 내 책임은 몇 배 더 커질 텐데.'라고 걱정했었다. 어머니의 빈자리가 크게 느껴졌다.

7월 4일 오후 2시 59분

이틀 전에 조기탕을 끓였을 때, 남편은 조기탕을 매우 좋아한다며 맛있게 먹어주었다. 어머니는 조기탕을 자주 끓였고, 그때마다 나도 맛있게 먹었다. 남편은 표현하지 않았지만, 어머니를 생각하며 먹었을 것이다.

어머니의 조기탕(2018.11.08.)

4일 전, 50~60대 손님 몇 분이 연구소에 방문했다. 그 분들이 어머니가 어떤 분이었는지 궁금하다고 해서 짧게 소개했다. 소개 끝에 "어머님은 참 좋은 분이셨어요."라고 말했다. 한 분이 "시어머니를 좋은 분이시라고 말씀하셨는데, 시어머니라 그렇게 말한 것인지, 아니면 마음으로 그런 것인지요?"라고 물었다. 진심이라고 답했다.

7월 5일 오전 1시 44분

친정엄마가 준 찰옥수수 30자루를 삶았다. 어머니 생전이라면, 어머니가 "우리 며느리는 손이 크다!"라고 말했을 것이다. 어머니는 옥수수를 무척 좋아했다. 장날이면, 아버님에게 삶은 옥수수를 사다 달라고 부탁했다. 어머니가 좋아하는 옥수수를 직접 삶아 드린 적이 없는 것 같아서 후회된다.

7월 6일 오후 1시 17분

김신지 작가의 『기록하기로 했습니다』(휴머니스트, 2021)를 읽고 있다. 기록을 중시하는 사람들의 생각과 경험은 비슷한 듯하다. 공감하는 게 많다. 어느 유튜브 영상에서 김신지 작가가 말했다. 누구에게라도 하고 싶었던 말을 마음에 담아두는 것보다 자신에게 말함으로써 마음이 가벼워질 수 있다고 생각하여 선택한 방법이 기록이라고 했다. 기록이 자신과의 대화라면, 나는 여기에서 나와 대화를 하는 중이다. 어머니가 그리울 때는 여기에 들어와서 내게 말을 건다.

7월 9일 오후 4시 22분

도서관에서 〈사랑한 후에 남겨진 것들〉(도리스 도리 감독, 2009년 개봉)이라는 제목의 독일 영화를 보았다. 영화는 갑자기 아내를 잃은 남편이 어떻게 애도하는지를 보여주었고, 누군가 죽을 때 옆을 지켜주는 것에 대하여 생각하게 했다. 영화를 보는 내내 어머니의 죽음을 떠올렸다.

영화에서 아내는 30여 년 만에 찾은 바닷가 어느 숙박시설에서 세상을 떠났고, 남편은 아내가 생전에 가고 싶어 했던 일본 후지산 부근에서 눈을 감았다. 사람이 죽음을 맞이하는 곳이 평생 살아온 집이나 마을이 아닐 수 있다. 어머니도 코로나19로 인해 집과 멀리 떨어진 곳에서 세상을 뜨셨다. 마음이 아리다.

7월 9일 오후 7시 17분

이틀 전, 마트에서 어머니와 각별하게 지낸 교회 권사님을 만났다. 그분은 어머니가 돌아가시기 두어 달 전, 집 근처 초등학교 운동장에서 어머니를 만나셨단다. "어머니가, 당신이 죽으면, 우리 애들이 잘 모른다며 뭔가를 챙겨 달라고 부탁하셨었어. 그런데 그 무렵에 나도 너무 아파서 그 약속을 지키지 못했어. 지금도 마음에 많이 걸리네." 그게 뭐였는지 여쭙고 싶었으나, 그분은 내게 건강 잘 챙기라며 일행을 뒤따라갔다. 죽음을 준비하신 어머니를 이해해 드리지 못한 게 후회되었다.

더위 때문인지 며칠 기운이 없다. 어느 때는 어지럽기도 하다. 내 건강을 가장 많이 걱정했던 어머니가 그리웠다. 가족 단톡방에 "더위에는 더 잘 먹어야 해~"라고 올렸다.

7월 15일 오전 10시 52분

자하젓을 선물로 받았다. 어머니가 좋아했던 젓갈이다. 어머니는 매해 자하젓을 선물 받거나 샀다. 오늘 선물을 받지 않았다면, 올해는 자하젓을 잊고 지났을지도 모르겠다. 자하젓을 볼 때마다 어머니 생각이 날 것이다. 요즘 어머니 된장을 냉장고에서 꺼낼 때마다 어머니 생각이 나듯이 말이다.

친정엄마가 어머니에게 선물한 자하젓(2020.07.21.)

7월 18일 오전 8시 57분

어제는 어깨가 아파서 한의원에 가려다 작업복 차림으로 화단에 나섰다. 며칠 만에 풀이 많이 자랐다. 풀을 매고, 화분과 꽃나무를 손질하는 데 두 시간 이상 걸렸다. 땀을 흘리며 일하는 동안에 통증을 잠시 잊었다. 어머니도 아프다고 말하면서 밭이나 화단에서 오랜 시간을 보낸 적이 많다. 그때의 어머니가 조금 이해된다.

7월 23일 오전 12시 23분

어제 낮에 큰아들이 전화 통화 중에 현재 하는 일에 만족한다고 말했다. 기쁜 마음으로, 아들에게 "할머니가 계셨다면, 네 이야기를 듣고 무척 기뻐하셨을 거야."라고 말했다. 어머니가 떠올라서, 아이스크림을 사 들고 어머니의 모임방에 다녀왔다.

7월 24일 오전 12시 45분

어제 강연할 때, 기록이 지니는 치유력을 말하다 감정이 복받쳐서 짧은 시간 동안 말을 잇지 못했다. 어머니 기록에 관하여 말하지 말았어야 했다.

7월 24일 오후 6시 26분

60대 후반 지인과 함께 차를 타고 이동하면서 어머니 이야기를 나누었다. 그녀에게 어머니는 영화와 음악에 조예가 깊고, 감성이 풍부한 여성이었다고 말해주었다. 어머니는 나보다 국내·외 영화와 노래 제목, 그리고 배우와 가수 이름을 더 많이 알았다. 한번은 카페에서 색소폰 연주자가 신청곡을 받는데, 어머니가 망설임 없이 외국곡 두 개를 신청하여 놀랐다.

7월 26일 오전 1시 24분

『인생수업』(엘리자베스 퀴블러 로스, 데이비드 케슬러, 류시화 옮김, 이레, 2014)을 만난 이후, 『상실 수업』(엘리자베스 퀴블러 로스, 데이비드 케슬러, 김소향 옮김, 이레, 2007)도 만났다. 도서관에서 대출한 『상실 수업』을 통해서 '보편적 상실감'을 알게 되었고, 내가 어머니의 죽음을 겪고 나서 느낀 감정들이 유별난 게 아님을 이해하게 되었다.

269쪽

내가 놓치고 있는 실마리가 있을 것 같아 내가 한 행동 또는 하지 못한 행동을 유심히 생각해 보곤 합니다.

280쪽
사랑하는 사람을 갑작스럽게 잃는 것은 특별한 죽음을 경험한 것이다. 작별인사를 하지 못한 슬픔은 멀쩡하게 삶을 살아가고 있는 사람을 잃었을 때 가장 큰 상처가 된다. 어떻게 그런 일이 생길 수 있었는지, 그리고 결과를 바꾸려면 어떻게 했어야 했는지를 자문한다.

어머니의 죽음도 갑작스러웠다. 그래서 어머니가 돌아가시기 전 며칠을 떠올리며, 내가 한 행동 또는 하지 못한 행동이 어머니의 죽음과 관련이 있는지 생각해본다. 어머니가 집을 떠나던 순간과 병원에서 심정지가 왔던 순간이 자꾸만 떠오른다. 그전으로 돌아가고 싶다.

279쪽
마치 너무나 실제 같은 악몽 속에 있는 것 같아요. 자기가 꿈을 꾸고 있는 걸 확신할 때가 있잖아요. 지금도 내가 잠을 자고 있고 남편도 내 옆에서 자고 있다는 착각이 들 때도 있어요.

어머니의 죽음이 받아들여지지 않을 때는 현실이 꿈이

라고 느껴진다. 현실이 악몽이고, 깨어나면 어머니가 소생하여 환하게 웃고 있을 것 같다.

> 284~285쪽
> 수많은 예고와 준비에도 불구하고 죽음은 믿을 수 없을 만큼 견디기 어려운 사건이며, 갑작스러운 경우에는 그것만의 복잡한 심리가 따로 있다. 주위의 모든 자연 만물 속에서 수많은 시작과 끝을 목격하기에 우리 인간 역시 시작과 끝이 있음을 잘 알고 있다. 만물에는 계절과 때가 있음을 이론적으로 받아들일 수 있다. 하지만 땅 위로 수명이 다한 갈색 낙엽이 떨어지는 그 시간만을 가을이라고 여긴다면 세상에서 평화를 찾기는 더 어려울 것이다.
> 푸른 잎이 땅에 떨어지는 순간을 당신은 어떻게 받아들일 것인가?

어머니가 오랫동안 편찮으셨기 때문에 어머니의 죽음을 준비하지 않은 것은 아니다. 그런데도 갑작스러웠다. 그렇게 어머니의 죽음을 맞이할 줄 몰랐다.

이제 내가 한 행동 또는 하지 못한 행동 때문에 갑작스럽게 돌아가신 게 아니라고 생각하고 싶다.

8월 1일 오후 12시 36분

어제는 내 생일이었다. 어머니는 매년 내 생일날 아침 밥상은 특별하게 차려주었고, 나도 어머니 생신날의 아침 밥상은 평상시와 다르게 차렸다. 점심에 미역국을 끓여준다는 남편 말을 믿고 아침을 간단히 먹었다. 그러나 점심, 저녁에도 미역국을 못 먹었다. 어머니의 부재를 크게 느꼈다.

학회 메일로 최근 모친상을 당한 어느 학자의 글을 받았다. 그도 코로나19 시기에 어머니를 떠나보냈고, 학자로서 어머니의 장례를 기록한단다. 사정이 같아서 공감되고, 위로가 되었다.

> 20220801 ○○학회 메일
> (중략)
> 저는 어떤 일에도 기록을 남깁니다. 어머니의 병환과 병원 그리고 요양병원 장례식 등 미세한 과정을 기록할 것입니다.

8월 8일 오후 10시 08분

정원 장독대에 있는 호접란에 분홍 꽃이 피었다. 꽃송이

어머니의 호접란(2022.08.05.)

가 여러 개다. 어머니가 2년 전에 길가에 버려진 난을 주워 와서는 건강하지 않아 주인에게 버림을 받은 것 같다며 사랑으로 가꾸었다. 난꽃이 어머니처럼 참 곱다.

이틀 전, 우연히 전시를 보러온 40대 여성이 나와 어머니의 관계를 이해할 수 없다고 말했다. 자신은 8년간 시부모와 함께 살았는데, 떠올리기 싫을 정도로 힘든 시간이었단다. 신혼 때 거실에 TV가 있음에도 시어머니가 자신들의 방에 들어와서 TV를 보다 잠이 드는 날이 많았고, 남편과 자신의 사이에서 자는 시어머니가 미웠단다. 믿기지 않는 말이었다. 방에 있는 나와 남편이 잠이 든 거 같으면, 어머니는 조용하게 다녔고, 열린 방문도 닫아주었다. 그때마다 감사하게 생각했다.

8월 8일 오후 11시 27분

아무도 없는 집에서 혼자 점심을 먹는데, 금방이라도 어머니가 방에서 웃는 얼굴로 나올 것 같았다. 이후에는 더욱 쓸쓸하게 느껴졌다.

8월 16일 오전 12시 41분

책 『친애하는 나의 집에게』(하재영, 라이프앤페이지, 2021, 175쪽)에서 "세상에 없는 누군가의 이름을 부르는 것은 다시 돌아오지 않을 한 시절을 부르는 일이었다."라는 문장을 읽었다. '어머니'를 부르는 것은 지나온 내 20~40대 시절을 부르는 것일 테다. 며칠 전에 남편이 마늘장아찌를 담갔고, 오늘 나는 밭에서 딴 가지를 건조기에 말렸다. 어머니가 생전에 마늘장아찌를 담그고, 버섯이 잘 말랐는지 보려고 건조기 뚜껑을 열던 모습이 떠올랐다. 다시 돌아오지 않을 그 시절이다.

추석 명절이 다가온다. 어머니 작고하신 뒤, 첫 명절이다. 걱정된다.

8월 23일 오후 11시 03분

며칠 전, 이웃분이 남편을 보자마자 인사로 "어머니 보고 싶어!"라고 말했다. 어머니가 참 잘 살았구나.

오전에 냉장고를 정리하느라 서너 시간을 보냈다. 어머니가 만들어 놓은 장아찌가 여러 가지였다. 오이, 고추, 마늘, 무 등. 몇 년을 먹어도 줄어들지 않을 것 같다. 정리하는 내내 어머니랑 함께 있는 듯했다.

8월 23일 오후 9시 57분

친정엄마를 모시고 목욕탕에 다녀왔다. 엄마가 온통 하얀 머리카락을 아는 사람들에게 보여주기 싫다고 해 좀 멀리 있는 목욕탕으로 갔다. 어머니도 그랬다. 한 5년 전부터 체중이 급격히 줄자, 너무 마른 모습을 주변 사람들에게 보여주고 싶지 않다고 했기 때문에 그 목욕탕에 다녔다. 넓은 목욕탕 어딘가에 어머니가 있는 듯했다.

8월 28일 오후 10시 22분

오일장을 둘러보다 방앗간에 들어가서 들기름을 샀다.

국내산 들기름 한 병이 2만 원이었다. 어머니의 들기름보다는 뭔가 부족한 느낌이 들었다.

8월 29일 오후 8시 10분

꽈배기를 20여 개 사서 어머니 친구분들에게 가지고 갔다. 십여 분이 있었다. 어머니가 무척 좋아했던 일을 그때는 자주 해드리지 못했다.

8월 31일 오후 7시 49분

어제 어머니가 하던 방식대로 감자를 쪘다. 감자 껍질을 벗겨 냄비에 담고, 물에 설탕, 소금, 식용유를 섞어서 감자 위에 부었다. 어머니가 쪄준 감자 맛이 났다.

밀가루로 수제비 반죽을 해놓고, 남편을 기다리는 중이다. 찬밥이 조금 있고, 국이 마땅치 않다. 냉동실에 있는 만두가 보였다. 감자도 있고, 호박도 있으니까, 만둣국을 끓여야겠다고 생각했다. 그런데 어머니가 자주 끓여주던 수제비가 떠올랐다. 어머니는 밥이 적거나, 밥이 질릴 때는 만둣국이나 수제비를 끓였다. 내 반죽이 질어서 잘 떠

어머니의 수제비(2019.09.05.)

질지 모르겠다.

9월 6일 오후 11시 17분

새벽에 힌남노 태풍 특보를 보다 잠이 들었다. 두 개의 꿈을 꾸었다. 하나는 어머니가 돌아가신 직후 쓸쓸해진 우리 집에 나와 가족들이 있었다. 마음이 먹먹했다. 다른 하나는 내가 출장 중에 태풍을 만나 급히 피하고 싶은데, 내 차를 찾지 못해 헤매고 다녔다. 잠에서 깬 뒤, 답답한 마음이 쉽게 가시지 않았다.

추석 명절이 4일 후로 다가왔다. 오늘 신문에 '성균관 추석 차례상 표준안'에 관한 기사가 있어 자세히 읽었다. 간소화한 차례상을 보니, '이렇게 해도 되면 걱정 없겠네~'하고 생각했다. 이번에 세 가지 나물, 세 가지 생선, 세 가지 전, 서너 가지 과일, 송편, 삶은 돼지고기, 밥, 소고깃국을 준비하려고 한다. 어머니가 차리던 것보다 줄일 생각이다. 가족들이 좋아하지 않거나, 준비 시간이 많이 소요되는 음식은 빼고 싶다. 해당 음식은 삶은 달걀, 황태, 명태전, 탕, 동그랑땡, 약과, 산자, 산적, 곶감, 식혜, 갈비찜, 홍어회, 꽃게무침 등이다.

지난 설 명절에 어머니에게 차례상을 간소하게 차리자

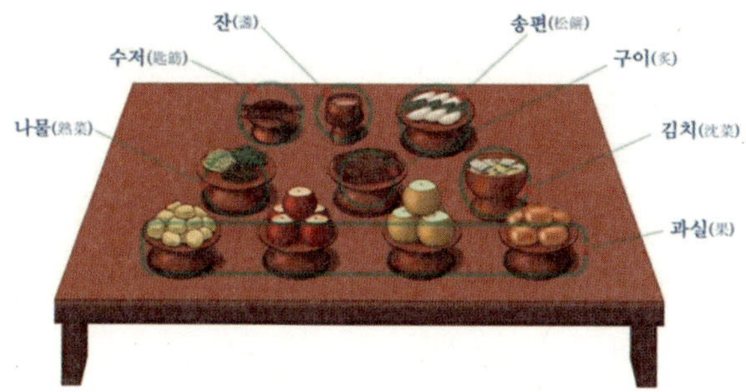

성균관 추석 차례상 표준안(2022년)

어머니의 마지막 차례상(2022.02.01.)

고 말했더니, 어머니가 서운해했다. 어머니는 건강이 매우 좋지 않은 상태에서 식혜까지 끓였다. 차례상의 간소화는 결국 내 일이 되었다. 명절 스트레스를 받으니까, 어머니가 야속하다.

남편이 콩나물국, 김치찌개, 된장찌개를 맛있게 끓인다. 특히 콩나물국은 내가 배우고 싶을 만큼 맛있다. 남편은 유튜브 영상을 보며 조리하는데, 요즘에는 자신이 요리에 소질이 있는 것 같다고 말한다. 어머니가 생전에 보지 못한 모습이다.

9월 8일 오후 5시 20분

오일장, 대목장을 보았다. 생선전에서 조기와 박대를 샀다. 그리고 어머니 단골 가게 앞에서 홍어를 살지 말지 고민했다. 어머니는 명절에 홍어회무침을 빠트리지 않았다. 사장님에게 "어머니가 안 계시니까 혼자서 뭘 해야 할지 모르겠어요."라고 말하니까, 사장님이 "나물 하고 전 해서 간단히 차려요."라고 답했다. 결국 계획에 없던 바지락조개만 샀다. 대신에 옆 가게에서 해파리를 샀다. 해파리를 보는 순간에 어머니의 홍어회무침을 대신할 수 있을 것 같았다.

어머니가 버무린 홍어회무침(2018.09.22.)

9월 10일 오후 11시 34분

어머니가 없는 첫 명절이라 많이 걱정했는데, 순조롭게 잘 보냈다.

나는 해파리 손질하고, 녹두 갈고, 나물 무치고, 생선 찌고, 돼지고기 삶는 것을 맡았다. 동서는 소고기뭇국을 끓이고, 시동생과 함께 전 부치는 것을 맡았다. 해물(조갯살, 오징어)야채전과 녹두전을 부칠 때, 모두 둘러앉아서 전과 함께 해파리냉채도 먹었다.

차례상은 음식 수가 이전보다 줄었으나, 보기에 괜찮았다. 아침을 먹고 났을 때, 음식이 많이 남지 않아서 홀가분했다.

2022년 추석 차례상(2022.09.10.)

차례 지낼 때, 오랫동안 조상을 모시던 어머니가 차례상을 받고 있다는 생각에 마음이 아렸다.

9월 13일 오전 2시 08분

아버님의 요양원 입소를 앞두고 있다. 어머니가 많이 생각난다. 어머니가 돌아가시기 전에 아버님이 요양원에 입소했다면, 좀 더 오래 우리 곁에 있을 수 있었을까.

9월 21일 오전 11시 36분

벌써 김장이 걱정된다. 남편이 심은 배추 50포기가 자라고 있다. 어제는 친정엄마가 마늘 5킬로그램을 주문해주겠다고 해서, 3킬로그램만 부탁했다.

9월 23일 오후 11시 14분

화단과 화분에 물을 주었다. 화단에 있는 상사화는 어머니가 좋아했던 꽃이다. 어느 해에는 화단을 꽉 채우기도 했었는데, 올해는 스무 송이 정도만 여기저기 흩어져 피어있다. 꽃대가 올라오는 것을 보지 못했는데, 어느 날 갑자기 꽃을 보고 반가웠다.

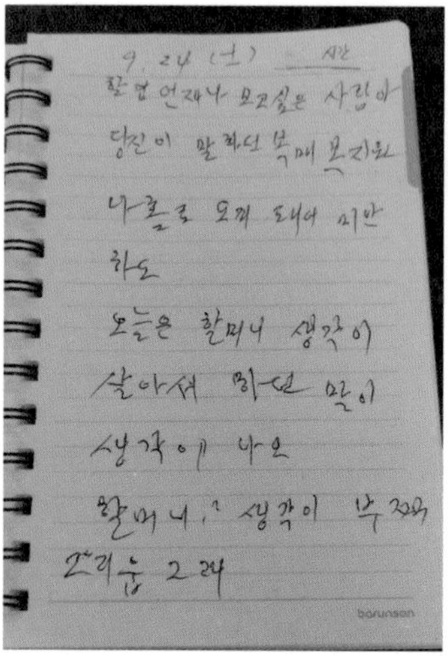

아버님의 일기장(2022.09.24.)

9월 24일 오후 7시 51분

아버님에게 다녀왔다. 아버님의 요양원 일기에 어머니가 그립다는 내용이 담겨있었다. 일기를 함께 본 남편의 눈에 눈물이 고였다.

(아버님의 요양원 일기에서)

9. 24(土)

할멈, 언제나 보고 싶은 사람아. 당신이 말하던 요양원 나 홀로 오게 돼서 미안하오. 오늘은 할머니(할멈) 생각이, 살아서 하던 말이 생각이 나오. 할머니(할멈), 생각에 부쩍 그립구려.

9월 26일 오후 9시 58분

어머니 기록 전시를 시작한 지가 1년이 다 되어간다. 새로운 전시를 계획하고 있으나, 일정이 바빠서 미루고 있다.

오늘도 방문객들이 다녀갔다. 50대 후반 여성은 멋진 아이디어를 얻었다며, 80세 친정엄마가 장 담그는 것을 기록할 거라고 말했다. 40대 중반 여성도 치매로 기억을 잃어가는 친정엄마의 수산물 가공법과 대표 음식 조리법을 기록하고 싶다고 말했다. 친정엄마가 자식들은 고생하지 말라고 가르쳐주지 않아서, 수산물 가공 지식을 배우지 못한 게 아쉽다고 말했다.

10월 9일 오후 9시 29분

어제 찬장 서랍에서 어머니가 넣어 놓은 파일첩과 사진첩을 발견했다. 보자기로 싸여 있는 파일첩 안에, 어머니가 2~3년 전부터 내게 보여주고 싶어 했던 결혼식 고천문

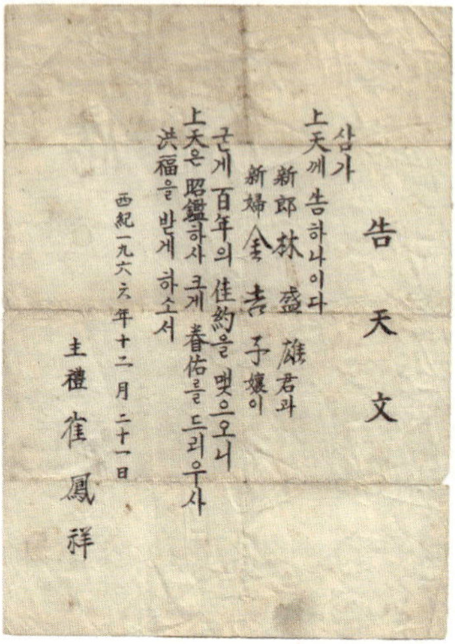
告天文

삼가
上天께 告하나이다
新郞 林盛[illegible] 君과
新婦 金吉子 孃이
굳게 百年의 佳約을 맺으오니
上天은 照鑑하사 크게 眷佑를 드리우사
洪福을 받게 하소서

西紀一九六六年十二月二十一日

主禮 崔鳳祥

어머니 결혼식 고천문(1966년)

이 있었다. 어머니는 고천문을 어디에 두었는지 모르겠다며, 내게 보여주지 못하는 것을 아쉬워했다. "어머니, 고천문을 찾았어요."

告天文(고천문)

삼가 上天(상천)께 고하나이다
新郞(신랑) 林○○(임○○) 君(군)과
新婦(신부) 金吉子(김길자) 孃(양)이
굳게 百年(백년)의 佳約(가약)을 맺으오니

上天(상천)은 昭鑑(소감)하사 크게 眷佑(권우)를 드리우사
洪福(홍복)을 받게 하소서
西紀(서기) 一九六六年(1966년) 十二月(12월) 二十一日(21일)
主禮(주례) 崔○○(최○○)

10월 16일 오전 2시 30분

작은아들이 최근에 발급받은 가족관계증명서를 보고 할머니의 부재를 실감했단다. 아들의 말이 온전히 생각나지 않는데, "시간이 지났는데도 … 감정이 생기더라고요."라고 말한 듯하다. 아들이 무슨 감정을 느꼈는지 짐작이 되었다.

11월 1일 오전 11시 56분

며칠 전 어머니의 친구분을 길에서 만났다. 그리고 모처럼 어머니가 좋아했던 식당에도 갔다. 일상에서 어머니를 만난다. 이제 어머니 얼굴이 뚜렷하게 떠오르지 않을 때도 있다. 그렇지 않으면, 어머니가 생각나려고 할 때 다른 생각으로 돌리기도 한다. 가끔은 어머니를 마음껏 그리워할 시간을 갖고 싶기도 하다.

11월 9일 오전 10시 12분

지난 한 주는 국가적 애도의 기간이었다. 애도의 의미를 담은 사진과 글들이 눈에 띄었다.

> 애도는 죽음에 가까이 다가가는 것이다. 죽음과 '나'의 관계를 다시 생각해보고, 산 사람의 태도를 묻는 것이 애도다.
> -오창은, 「슬픈 영혼들의 작은 몸짓을 보았다」, 경향신문, 2022. 11. 04.

> 그 과정이 바로 애도다. '없음'의 감각을 계속 확인하는 게 너무나 고통스러워 피하고 싶지만….
> -김유진, 「죽음과 애도」, 경향신문 2022. 11. 07.

애도는 죽음과 대면하는 것, 부재를 확인하는 게 고통스럽지만 대면해야 하는 것. 그러나 그 죽음에 의문이 남아 있으면 더 많이 확인하게 되고 그때마다 고통스러운 시간을 보내게 된다.

최근 어머니 꿈을 자주 꾸었다. 꿈속에서 어머니가 가족을 챙기고, 집에 찾아온 손님을 대접했다. 내가 어머니의 죽음을 인지하는 순간에 가위에 눌렸다.

김장철이 다가온다. 김치냉장고에 지난해 김장김치가 적지 않게 남아 있어서 김장을 하고 싶지 않은데, 남편과 친정엄마는 원한다. 동서와도 하기로 약속했다. 어머니 없는 첫 김장이라 걱정이다.

11월 19일 오후 8시 44분

먼 데서 온 친구와 점심을 먹었다. 친구는 자신의 어머니도 2015년에 메르스에 감염돼 갑자기 돌아가셔서 임종을 못 본 게 마음 아프다고 했다. 친구 덕분에 어머니를 마음껏 떠올렸고, 친구가 간 뒤에는 마음껏 울었다. 모처럼 마음이 가벼워졌다.

햄릿은 죽어가며 친구 호레이쇼에게 부탁을 남긴다. "괴롭더라도 이 험한 세상을 살아남아 내 이야기를 전해주게"라고 말이다. 살아남은 자가 할 수 있는 일은 죽은 자의 이야기를 전하는 것이다. 결국, 잊지 않는다는 것은 그 이야기를 움켜쥐고 사는 것일 테다. 괴롭더라도 이 험한 세상을 살아남아 그 이야기를 전해야 한다.

-강유정, 「괴롭더라도 기억해야 할 너의 이야기」, 경향신문, 2022. 11. 18.

어머니 이야기를 더 해도 되겠구나. 그것이 어머니를 추모(追慕, 죽은 사람을 그리며 생각함)할 수 있으니까.

12월 5일 오후 2시 27분

어제 김장을 했다. 이틀 동안 시동생 가족과 함께 행사처럼 치렀다. 어머니 때는 100포기 가까이 담갔는데, 우리는 남편이 농사지은 배추로만 30포기 담갔다.

우리는 어머니가 하던 방식대로 했다. 배추를 아침에 절여 오후에 씻고, 밤새 물이 빠지게 했다. 어머니는 배추 절일 때, 배추를 소금물에 잠시 담갔다 배춧잎 사이사이로

어머니의 마지막 김장(2021.12.04.)

소금을 뿌리고, 넓은 통속에 쌓은 후에 소금물을 부었다. 소금의 양을 조절하는 게 어려웠다. 스무 해 넘게 어머니를 도왔는데도, 잘 기억나지 않았다. 누군가는 인터넷으로 검색했다. 다행히 적당하게 절여졌다.

지난해 김장 때, 나와 동서는 편찮으신 어머니가 많은 양의 김장을 준비하는 데에 반기를 들었다. 어머니에게 "다음해부터는 사 먹어요."라고 말했다. 그랬던 우리가 어제는 돼지고기 수육·생굴·겉절이를 놓고 밥을 먹으면서, "다음 김장은 좀 더 쉽게 절인 배추를 사서 해요."라고 말했다.

낮에 어머니와 함께 갔던 샌드위치 식당 앞을 지나갔다.

어머니와 함께 샌드위치를 먹다(2022.01.05.)

2022년 1월 5일에 어머니는 그곳에서 매우 행복해했다. 몇 번은 더 모시고 갔어야 했는데.

(어머니의 일기에)
1月 5日
오늘도 주영이 엄마와 커피점에서 커피와 빵을 맛있게 먹었다. 즐거웠다.

12월 6일 오전 10시 37분

12월이다. 어머니의 첫 기일이 두 달 남았다. 점점 지난 3월이 멀게 느껴지면서도 곧 다가올 3월을 생각하면 시간이 참 빨리 흘러간다 싶다. 오늘 아침도 남겨진 사람으로서 살고 있다.

"산 사람은 살아야지." 이 세상에서 사랑하는 이를 떠나보내는 사람들에게 우리가 흔히 하는 말이다. 세상을 떠난 이에 대한 지나친 애착은 살아남은 자를 때로 병들게 한다. 이 세상에 남겨진 자들이 이전처럼 삶을 살아가기 위해서는 슬픔에서 벗어나 새롭게 사랑할 대상을 찾아야 한다. 이렇게 떠난 이에 대한 애착에서 벗어나 다시 애착을 가질 새로운 대상을 이 세상에서 찾는 일, 이것이 정신분석가 프로이트가 말하는 '애도'다.

하지만 철학자 데리다는 이런 애도에 대해 문제를 제기한다. 이 세상을 떠난 이에 대한 애착을 끊어내는 일, 그 사랑을 새로운 대상에 옮겨 놓는 일은 사랑하는 이에 대한 헌신을 버리는 것이나 다름없기 때문이다. 우리가 진정으로 누군가를 사랑했다면 그 존재는 죽음으로도 비워낼 수 없다. 그래서 데리다에게 애도란 '부재한 자에게 여전히 애착을 지니고 기억하는', 프로이트의 관점에서 보면 실패한 애도다.

……

각자가 가진 가치에 따라 누군가는 프로이트의 애도를, 누군가는 데리다의 애도를 더 바람직한 것으로 볼 수 있을 것이다. 하지만 대다수 우리가 바라는 애도는, 참사에서 사랑하는 이를 잃은 사람들이 떠나보낸 이에 대한 사랑과 기억을 간직하면서도 이 세상과 여전히 긍정적인 관계를 맺는 방향일 것이다.

……

애도는 지극히 슬프지만 남겨진 누구라도 이 세상이 여전히 살 만하다는, 그런 가치를 실현하는 일이다.
-김만권, 「애도의 조건」, 경향신문, 2022.12.05.

12월 22일 오전 10시 23분

이틀 전, 친정엄마를 모시고 온양으로 온천여행을 다녀왔다. 숙소 인근에 ○○병원이 있었다. 이동하는 중에 엄마에게는 아무 말 않고 그 병원 앞에 정차했다. 어머니가 돌아가신 병실 창문을 1분 넘게 바라보았다.

집으로 돌아오는 차 안에서 엄마는 코로나19 전에 어머니와 함께 온천여행을 다녀온 이야기를 했다. 자매 같은 두 분은 기차 타고 온양에 가서 엄마의 손아래 시누이들(고모 두 분)을 만나 하룻밤을 함께 보냈다. 온천 찜질방에서 맘껏 온천하고, 먹고, 놀고, 잠도 편하게 잤단다. 어머니와 엄마가 손을 잡고 서울행 기차에 오르던 모습이 떠

어머니와 친정엄마의 온천여행(2019.02.15.)

올랐다. 사진 촬영이 못마땅한 어머니가 굳은 표정을 하고 있지만, 어머니가 무척 즐거워해 했던 아침이다.

어제 전주 서학동사진미술관에 다녀왔다. 『따뜻한 그늘』(김지연, 눈빛, 2022) 출판기념식에 참석했다. 작가인 김지연 관장님이 참석자들을 소개할 때, 가장 먼저 나를 소개했다. 2년 6개월(경향신문, 2020년 1월~2022년 6월) 동안에 매주 금요일 실린 자신의 신문 칼럼을 스크랩 해준 것에 감사하다고 했다. 그 칼럼들을 담아서 출간한 책이 『따뜻한 그늘』이다. 관장님은 2022년 2월 25일자 칼럼만 스크랩에서 빠진 사연을 덧붙여 말했다. 그날은 어머니가 병원에서 의식을 잃은 날이다.

오늘은 남편 생일이다. 어머니에게 생일은 '자식 낳느라 고생한 엄마에게 감사해야 하는 날'이다. 새벽부터 눈이 많이 내린다. 어머니 묘소에 다녀와야겠다.

12월 22일 오후 9시 45분

우리 가족은 20년 넘게 연말연시에는 현관문 밖에 트리

현관 앞 트리(2022.12.24.)

를 설치하고, 바구니에 과자를 채워 놓았다. 이웃이나 택배기사 등이 과자를 가져가면, 어머니와 나는 바구니가 비워지기 전에 다시 채워 놓았다. 어느 해에 아이들과 함께 이벤트로 시작한 건데, 우리 가족의 전통이 되었다. 현관문을 열고 바구니가 얼마나 비워졌는지 확인하는 게 큰 즐거움이었다. 올해는 현관 앞 전기 사용이 수월하지 않아서 안 하려고 했다가, 어머니의 부재가 느껴지는 게 싫어서 설치했다. 그간 그 일이 즐거웠던 것은 어머니와 내 뜻이 일치했기 때문일 것이다.

12월 31일 오후 8시 10분

한 달 만에 집에 오는 큰아이를 마중 나갔다가, 어머니 묘소에 들렀다. 가보고 싶었으나 한동안 시간을 내지 못했는데, 아이 덕분에 갈 수 있었다. 늦은 오후에 묘소를 찾은 것은 오늘이 처음이다. 묘지 앞 언덕에 서니, 2022년도 마지막 해가 지고 있었다. 크고 붉은 해는 무척 아름다웠다. 어머니 산소에 간 덕분에 한 해의 마지막을 장식하는 해넘이를 보았다.

묘비에 쓰인 "얘들아, 사랑한다!"를 보았다. 어머니의 인자한 목소리가 들리는 듯했고, 어머니의 생전 밝은 모습이 떠올랐다.

2022년 마지막 해넘이(2022.12.31.)

집에 돌아와서는, '감성이 풍부했던 어머니가 날마다 해넘이를 감상하겠구나'하고 생각했다.

> 우리는 기억·추억·애도하기 위해 특정 공간에 가거나, 사진을 꺼내어 보거나, 글을 쓴다. 무정형의 기억을 물질적인(material) 것으로 바꾸어 나누는 작업.
> -강도희, 2023 경향 신춘문예 평론 당선작 「비행하는 역사-쓰기, 미지의 '너'들에게로」, 경향신문, 2023.01.02.

2023년 1월 12일 오전 10시

3일 전, 냉장고 속 고추장 항아리를 열었다. 어머니의 고추장을 작은 용기에 조금씩 덜어 먹는데, 몇 달 만에 바닥을 보였다. 어머니의 고추장과 된장이 줄어들고 있다.

어머니가 담근 마지막 고추장(2023.01.09.)

1월 12일 오후 3시 54분

조금 전에 화단에서 천리향 꽃봉오리를 보았다. 지난해 봄에 천리향 꽃봉오리를 처음 본 게 어머니 장례를 마치고 보름 후였다. 며칠 전부터 낮 기온이 봄날 같다. 아직 1월 초인데, 벌써 꽃봉오리가 올라오다니. 철없이 너무 일찍 올라온 꽃봉오리가 야속하다. 1년이라는 시간이 빠르게 흘렀다.

천리향 꽃봉오리(2023.01.12.)

1월 18일 오후 10시 45분

된장 그릇에서 된장을 덜었다. 2021년 가을에 어머니는 자신이 담근 된장과 마트에서 산 된장을 섞어서 저장했다. 그때 어머니는 “내가 죽어도 몇 년간은 된장 걱정 안 해도 될 거다.”라고 말했고, 나는 그 된장을 다 먹을 때까지 어머니가 우리 곁에 있을 것으로 생각했다. 된장 그릇 뚜껑을 열 때, 어머니 하관식에서 “어머니! 된장!”이라고 부르짖으며 통곡했던 순간이 떠올랐다.

1월 21일 오후 11시 26분

이틀째 명절 음식을 하느라 주방에서 혼자서 일하는 시간이 많았다. 가족들이 도와주기는 했으나, 어머니가 했던 일의 대부분은 내 몫이었다. 힘이 들 때마다 어머니가 떠올랐다. 명절이면 어머니는 혼자서 주방에 있는 시간이

어머니의 마지막 된장(2023.01.18.)

많았다. 어젯밤에 남편에게 "주방에서 혼자 오래 있으니까 외롭네. 허리도 아프고." 말했다가, 남편이 "어머니랑 똑같네!"라는 잔소리만 들었다.

1월 22일 오후 9시 50분

어젯밤에는 '앞으로 명절 차례를 안 지내고 싶다.'고 생각했다. '어느 집은 장남이 요양원에 입소한 뒤, 선산을 팔고 제사며 명절 차례를 모두 없앴다.'는 이야기를 들었을 때, 조금 부러웠다. 그런데 아침에는 생각이 바뀌었다. 모두가 협력하여 차례상을 차리고, 경건하게 차례를 지내고, 화기애애하게 식사하고, 분담하여 뒷정리하고, 산책처럼 성묘를 다녀왔다. 서로 돕고 배려하는 가운데 행복해하는 가족들의 얼굴을 볼 수 있어서 흐뭇했다. '어머니도 명절에 이런 마음이었겠네!'

2월 1일 오후 12시 15분

그제, 연구소에 방문한 어느 70~80대 여성들이 "시어머니에게는 도리로, 친정어머니에게는 우러나서."라고 말하는 것을 들었다. 그리고 엄마와 목욕탕에 가서 만난 여성은 딸에게 "시어머니에게 옷을 사드리려면, 본인이 마음에 드는 것이거나 가볍고 편한 것으로 사드려라. 그렇지 않으면 돈으로 드리고."라고 했단다. 그리고 시어머니가 좋아하는 음식을 사드려야 하는데, 그렇지 않고 비싼 거 사드리고는 "왜 그거밖에 못 드세요?"라고 말하는 것이 못마땅하단다.

어제는 엄마의 지인이 친구 이야기를 들려주었다. 친구가 며느리에게 서운한 점이 친정에는 잘하면서 시댁에는 소홀한 것이라고 했단다. 그 말을 듣고 친구에게 "시댁에는 도리로 하고, 친정에는 우러나서 하는 거 아니냐. 너는 욕심도 많다."라고 했단다.

내가 어머니에게 도리로 했던 일, 우러나서 했으나 어머니의 마음에는 들지 않았던 일이 떠올랐다. 그때 어머니의 마음을 더 읽어드려야 했었는데.

2월 11일 오후 8시 30분

요양원에 가서 아버님을 뵙고, 어머니 이야기를 나누었다.

아버님: 어머니 생각은 일체 나지 않어.

나도 어머니 생각을 이전보다 덜 하고 있다는 것을 깨달았다.

2월 16일 오후 10시 55분

어머니의 첫 기일이 다가온다. 얼마 전부터 1년 전의 일들이 자주 떠오른다. 어머니가 돌아가시기 전 한 달 동안은 가족들 모두가 코로나19로 우울했다. 가족들에게 감기인지 코로나19인지 구분이 안 되는 증세가 연쇄·반복적으로 나타났다. 그 한 달이 어머니 생의 마지막 한 달이었다.

영화 〈타이타닉〉을 재개봉한단다. 어머니는 그 영화를 매우 좋아해 TV에서 방영되면 몇 번이고 보았다. 그럴 때, 우리 부부가 집에 있으면 우리에게도 보라고 권하곤 했다.

2월 20일 오후 1시 13분

우리 부부는 최근 반려견 보호자가 되었다. 믹스견인

'덕구'(생후 6개월)를 입양했다. 덕구로 인한 소소한 행복에 감사하다가도, 힘이 들 때는 내가 책임지지 못할 일을 시작했구나 싶어 두렵다. 그럴 때 떠오르는 사람이 어머니이다.

아들 둘을 낳아 키우던 어머니는 30대 중반 나이에 3세 여아를 입양했다. 가족들 말에 의하면, 시누이는 학창 시절에 말썽을 많이 부렸다. 남편은 부모님 속을 썩이는 여동생이 미운 적도 있었단다. 어머니가 20년을 애지중지 키운 그 딸은 오래전에 사고로 세상을 떴다. 어머니에게 자세히 여쭤보지 않은 게 있다. 1970년대 중반에 어머니가 입양을 결정할 때 어떤 마음이었는지, 파양하고 싶은 마음이 들 때도 있었는지, 힘이 들 때는 어떻게 이겨냈는지 등등. 처음으로 반려견을 입양한 나로서는 어머니의 마음을 더욱더 헤아릴 수 없다.

2월 24일 오전 9시 41분

새벽에 꾼 꿈에서 어머니를 만났다. 꿈속에서 또 꿈을 꾸었다. 꿈속에서는 어머니가 이 세상 사람이었고, 꿈속꿈에서는 어머니가 돌아가신 분이었다. 꿈속이 현실처럼 느껴졌다. 어머니가 소생해서 놀라웠고, 믿어지지 않았다. 어머니가 집에서 아이들을 돌봐주고 있었다. 우리 아들들은 유아 때 모습이었고, 어머니도 젊은 시절의 모습이었다. 집 밖으로 뛰쳐나가서 만나는 사람들을 붙잡고 어머니가 소생했다고 말했다. 그런데 목소리가 마음껏 나오지 않아 답답했다.

꿈 내용이 최근에 있었던 일들과 무관하지 않은 듯하다. 이틀 전에 내가 쓴 육아일기를 읽는데, 어머니가 여러 번 등장했다. 그리고 친정엄마가 어머니 첫 기일을 앞두고 상갓집을 다니면 부정 탄다고 몹시 걱정했는데, 공교롭게 이번 주에 상갓집을 두 곳이나 다녀왔다.

3월 3일 오후 3시 02분

2월 26일 일요일 점심에 가족들과 함께 성묘 다녀왔다. 프리지어 꽃을 어머니 비석 앞에 놓았다. 절하고 나서, 모두가 어머니에게 하고 싶은 말을 돌아가면서 했다.

어젯밤에는 추도예배를 드렸다. 이번에도 프리지어 꽃을 테이블 가운데에 놓았다. 시동생이 대표 기도할 때, 눈

어머니의 돼지족발탕(2018.04.05.)

물이 났다. 예배를 마친 후 밥을 먹는 동안에 남편과 시동생은 어릴 적 어머니와의 시간을 추억했다. 두 사람도 자꾸만 눈물을 닦았다. 어머니가 가끔 해주었던 돼지족발탕 이야기가 나왔다. 해마다 서너 번 이상은 먹었던 음식인데, 1년 동안 잊고 지냈다. 다음 어머니 기일 음식으로 도전해봐야겠다.

아름다운 마지막 여정

김지연 사진가, 전주 서학동사진관갤러리 관장

과거에는 시어머니와 며느리는 종속관계를 의미했으며, 시어머니가 주도권을 잡았다. 하지만 세상이 변할수록 시어머니는 기피의 대상이 되고 있다. 며느리들은 '시'자가 붙은 시금치도 싫다고 한다. 종속관계 또한 사라지고 있거나 그 반대인 경우가 많다. 시어머니는 법적인 어머니(Mother in law)이거나 남편의 어머니(Husband's Mother)일 뿐이다. 부부관계에서도 남편과 부인의 관계로 끝나고, 남편의 가족은 별개다. 이것이 바람직한가, 아닌가를 따지는 일은 무의미한 시대가 되었다. 그만큼 여성의 발언권이 확고해진 것이다. 그런데도 저자는 가족구조를 핵가족으로 한정시키지 않고, 대가족 공동체로 확장한 것은 주목할 만한 시선이다. 이것은 누구에게 강요하거나 권유할 사항은 아니지만 한 여성이 남편의 어머니를 가족으로 품고, 시어머니가 만든 반찬과 시어머니가 좋아하는 꽃, 시어머니가 즐겨 부르는 노래를 시간과 공간으로 나눠서 살뜰하게 펼쳐 보여주고 있다.

코로나19로 온 세상이 뒤집히던 때 시어머니가 코로나와 그 합병증으로 입원하게 되었다. 당시에는 한 사람의 보호자만이 병상을 지킬 수 있었다. 그녀는 코로나를 같이 앓으면서 시어머니를 간병했으나, 불행히도 시어머니는 그 길로 돌아가셨다. 화장터는 붐비고 장례식도 제대로 치를 수 없었다. 그녀는 작은 문화공간 '예소'에 시어머님의 일대기가 담긴 사진과 영상을 마련해 놓고, 조용한 방식으로 추모식을 진행했다. 1년여의 애도 기간, 그녀는 간간이 시어머니를 그리며 눈시울을 붉히곤 했다. 이 책은 각별하게 사이가 좋았던 고부 관계를 이야기하는 데 머무르지 않는다. 한 가정의 일생 의례, 먹거리, 놀이, 가족여행 등의 기록 자료와 한 가족의 아름다운 여정을 담고 있어 더욱 뜻깊다 하겠다.